第1辑

中国改革开放与发展实践丛书

中国交通建设与发展实践

姚汤伟◎编

辽宁教育出版社

图书在版编目（CIP）数据

中国交通建设与发展实践 / 姚汤伟编. —沈阳：辽宁教育出版社，2016.12
（中国改革开放与发展实践丛书 / 刘鸿武主编）
ISBN 978-7-5549-1526-4

Ⅰ. ①中…　Ⅱ. ①姚…　Ⅲ. ①交通运输建设—研究—中国　Ⅳ. ①F512.3

中国版本图书馆CIP数据核字（2016）第290320号

出 版 者：辽宁教育出版社
发 行 者：辽宁教育出版社
（地址：沈阳市和平区十一纬路25号　邮编：110003）
印 刷 者：鞍山市天和文化产业有限公司
幅面尺寸：147mm × 210mm
印　　张：6
字　　数：150千字
印　　数：1~5000册
出版时间：2016年12月第1版
印刷时间：2016年12月第1次印刷
总 策 划：刘国玉
责任编辑：张　领　王　宾
装帧设计：琥珀视觉
责任校对：刘　璎　王　静
书　　号：ISBN 978-7-5549-1526-4

定　　价：30.00元

编纂委员会

总　序

自20世纪80年代初实施改革开放政策以来，中国社会发生了巨大的变化，其间所逐渐呈现出的中国经验、知识、思想和智慧，正日益引起外部世界特别是广大发展中国家的关注。如何从全球视野将中国不同领域的改革开放政策与发展实践加以认真梳理和总结，如何将中国的本土经验与实践话语转换成可以为世界所理解和接受的国际知识与话语形态，从而提升国家的软实力，提高中国文化的国际影响力，日益成为今日之学术界需要面对的时代责任。

浙江师范大学非洲研究院是中国高校首个综合性、实体性的学术机构和思想智库。建院以来，秉持“非洲情怀、中国特色、全球视野”的治学理念，以“非洲发展问题”和“中非合作关系”为主攻方向，富有学术担当精神，专注非洲研究，取得了一系列的学术成果，在国内外产生了广泛影响。外交部曾致函称:“非洲研究院有效带动了国内对非研究发展和人才队伍建设，为促进中非人文交流做出了积极贡献”。

据我驻非洲使馆的反映和国内学者调研的情况，近年来非洲各国非常希望了解中国改革开放以来的发展经验和成就，他们认为中国的发展道路、发展经验具有“鲜活”的价值意义，值得学习和借鉴。但目前针对非洲读者需要的介绍中国改革开放以来的国情读物，却十分缺乏。国内许多机构在接待非洲友人、举办各种交流和人员培训时，也没有类似的读物和教材。国家相关部委如外交部、商务部、教育部、文化部的涉外部门等也均有同感。《中国改革开放与发展实践》丛书正是适应国家“一带一路”发展战略，响应“讲好中国故事”的要求而创作的一套针对非洲等广大发展中国家读者的中国国情文丛。

丛书由浙江师范大学非洲研究院、社科处等协同组织校内外各学科领域专家编写，由辽宁教育出版社负责中文版的出版。丛书第一辑共有十本，涵盖文化产业、教育、反贫困、交通和基础设施、旅游经济、民企改革等领域。丛书编纂过程中，我们努力遵循务实、朴实、实用的原则，突出以下特点和要求：一是系统性与客观性。丛书内容取舍应紧扣中国发展成就与特色，努力做到系统、全面、客观，层次清楚，逻辑严谨，表述准确；二是针对性与实用性。丛书主要针对非洲等国家的现实需要与国情民状，力求文风朴实，平等亲切，通俗易懂，形式活泼，图文并茂；三是新颖性与生动性。要求能将同行、同领域的最新成果吸收进来，用生动的事例、数字、图表、图像呈现给读者。但是，中国改革开放三十多年的发展经验十分丰富，任何一方面都很难言尽，加之受篇幅的限制，难免“有失偏颇”，只能“择其要者而为之”。加之水平有限，定有诸多不当之处，恳请广大读者提出宝贵意见。

浙江师范大学非洲研究院对本丛书出版给予了经费支持，辽宁教育出版社在出版过程中也做了大量工作，出版社的编辑王宾老师付出了辛勤劳动，在此表示衷心感谢！

本丛书可以供国内各部委、高校和培训机构用于对非人力资源培训的教材和参考读物，也可供我驻外使馆和孔子学院等文化机构推广使用，还可作为非洲来华留学生进一步了解中国文化和中国改革政策与发展经验的通识读物。

教育部长江学者特聘教授
浙江师范大学非洲研究院院长　刘鸿武
2016年11月

序 言
FOREWORD

本书是根据2012年12月获得国务院新闻办立项资助，列入“中国图书对外推广计划”的针对非洲读者的《中国改革开放与发展实践》丛书要求编写的。内容涵盖了改革开放三十多年来，中国交通建设中公路、铁路、水路、航空、管道和城市交通的发展历程和建设成就，为非洲各国系统科学地认识中国交通建设提供一定的参考。

本书内容由两部分组成。第一部分为第一章，力求紧密结合改革开放时代背景，从中国交通发展的成就和经验教训两方面，总体上梳理改革开放三十年中国交通发展脉络，并对中国交通的未来发展进行了展望；第二部分为第二章至第七章，分别介绍改革开放三十多年来，中国公路、铁路、水路、航空、管道和城市交通建设的历程和成就，并结合每种交通方式的行业特点，系统性选择典型工程进行图文并茂的介绍，以便更好地展示在中国交通建设中积累的宝贵经验和教训，以及未来的发展思路。本书每章内容紧扣中国交通发展的成就与特色，层次清晰，内容精练，配以数量适当的图表，力求通俗易懂，图文并茂，以增强非洲读者的可读性。本书也可以供国内各部委、高校和培训机构用于对非人力资源培训的教材和参考读物。

本书由浙江师范大学姚汤伟、施俊庆、高清平组织编写，具体分工如下：姚汤伟（第一章、第三章）、施俊庆（第四章、第五章、第六章、第七章）、高清平（第二章）。由姚汤伟负责编写框架与内容体例设计和全书统稿。在编写过程中得到许多行业专家和同仁的大力支持，在此我们表示衷心感谢！

在本书的编写中，我们参考了许多专家学者的有关书籍、文献、论文等资料，引用了网络上相关单位发布的部分技术数据和图片信息，我们尽可能地在参考文献中进行注明，谨在此对他们表示衷心感谢！同时，也可能由于疏忽没有对有些资料的引用列出其出处，若有此类情况，我们深表歉意。另外，因编者水平有限，资料收集很难达到齐全与最新，书中相关技术资料与数据肯定存在不足和差异，错误和疏漏在所难免，诚恳希望有关专家和广大读者提出宝贵意见。

编　者

2016年7月

目　录
CONTENTS

第一章

中国交通发展概况

交通运输业作为国民经济的基础性、服务性产业，是维护经济运行与社会正常运转和协调发展的基本条件，同时，社会经济的快速发展，带动了巨大的交通运输需求。1978年12月，中国共产党第十一届三中全会的召开，是中国经济社会发展的一次伟大转折。改革开放三十多年来，在国家政策的强有力支持下，中国交通运输业取得了突飞猛进的发展，无论是在交通基础设施规模、质量、技术装备等方面，还是在发展理念转变、交通体制创新、运输市场化发展等方面，都取得了前所未有的成就，在世界交通史上创造了举世瞩目的“中国速度”。中国交通运输从改革开放初期制约国民经济发展的“瓶颈”产业，到目前基本与社会经济发展要求相适应，在中国经济社会发展中发挥着重要的基础性和先导性作用。

一、中国交通发展成就

中国交通三十年的发展成就可以从几个世界第一中得以体现：

（一）世界第一公路运输大国

到2012年年底，中国公路总里程达424万千米，位居世界第一位；其中高速公路通车里程达9.6万千米，也已超过美国的8.9万千米，位居世界第一位。

2012年，中国完成公路客运量355.7亿人次，旅客周转量18468亿人千米；完成公路货运量318.9亿吨，货物周转量59535亿吨千米；城市客运系统运送旅客1228亿人次。均居世界第一位。

1980年中国公路总里程只有88.3万千米，且没有一条高速公路。2013年与1978年相比，公路总里程增长了3.8倍；公路客运量增长了22.8倍；旅客周转量增长了34.4倍；公路货运量增长了20倍；货物周转量增长了160倍。

（二）世界第一铁路运输大国

2012年，中国铁路累计发送旅客18.93亿人次，旅客周转量9812.33亿人千米；铁路货物发送量38.92亿吨，货物周转量28891.9亿吨千米。上述各项指标均居世界第一位。

实际上，2006年中国铁路即以占世界铁路百分之六的营业里程，完成了世界铁路四分之一的运输量，创造了四个世界第一：旅客周转量世界第一，货物发送量世界第一，换算周转量世界第一，铁路运输密度世界第一。旅客周转量比第二位的印度高出近900亿人千米，是美国、俄罗斯两国总和的3.8倍，是日本的2.7倍；完成货物发送量比第二位的美国多运近10亿吨，是俄罗斯的2倍多，印度的4.8倍；完成换算周转量比第二位的美国高1300亿吨千米，是俄罗斯的1.5倍。

此外，2012年中国铁路总里程9.8万千米，虽然居于世界第二位（第一位是美国22.5万千米），但是电气化铁路里程却达到4.8万千米，超过了俄罗斯的4.3万千米，跃居世界第一位。

（三）世界第一高铁运营大国

截至2012年12月底，中国时速达200千米以上的高速铁路里程已接近13000千米。运营里程、运行时速、在建规模、发展速度，均位居世界第一。

特别值得一提的是，1964年日本新干线通车，时速200千米，成为世界高铁之鼻祖。从那时起直至2011年最高时速达320千米的最快的新干线列车投入运营，日本用了近50年的时间。而中国第一次着手引进时速200千米的高速列车技术是2004年，到2008年年底第一条具有自主知识产权的高速铁路京津城际铁路通车运营，时速就达350千米。这标志着中国只用了4年多的时间就走过发达国家近50年的高铁建设之路。到了2010年，中国最新下线的高速铁路CRH380A，时速已达380千米。

（四）世界第一港口运输大国

到2012年年底，中国集装箱港口吞吐量已经连续7年保持世界第一，2011年全国规模以上港口集装箱吞吐量已达1.306亿标准箱。而在2012年全球港口货物吞吐量前十位排名中，中国“军团”占据了8个席位。

2012年，中国完成水路货运量45.6亿吨，货物周转量80654.6亿吨千米，全国港口完成货物吞吐量107.8亿吨，均位居世界第一，分别是1978年的9.7倍、21.5倍和38.5倍。

此外，2012年中国的亿吨大港（沿海加内河）已增至29个，位居世界第一。

二、中国交通经验教训

（一）交通运输改革发展的宝贵经验

1. 不断解放思想，转变发展理念

中国三十多年交通运输的改革发展历程，是一次次解放思想、理论创新、积极探索、逐步转变发展理念的过程。主要体现在以下三点：一是开放运输市场，引入竞争机制，提出了“有路大家行车、有水大家行船”的发展政策，开放公路、水路运输市场，调动全社会的积极性，最大限度地发挥已有交通设施和运输设备的能力，推动交通运输的改革和发展；二是放开建设市场，实施积极的财政政策和适度宽松的货币政策，投资建设大量的交通基础设施，面向全国、全社会开放建设市场，按照招投标法的统一要求，使有资质的工程设计与施工队伍顺利进入公路建设市场；三是积极探索新的交通发展模式，打破了单纯依靠国家投资的局面，形成“国家投资、地方筹资、社会融资、利用外资”的多渠道、多形式筹集交通建设资金的新局面，允许贷款、集资建设的高等级公路、桥梁、隧道等收取过路费、过桥费和过隧费，形成“贷款修路、收费还贷、滚动发展”的投融资机制，有效地缓解了交通建设资金严重不足的状况。

2. 坚持政企分开，推进交通运输管理体制和经营机制改革

中国三十多年的交通管理体制改革，始终坚持“政企分开”的方向，切实转变政府职能。公路和水路交通行业首先实现“政企分开”，取消了计划经济时期的统一分配货源、统一调度、统一运输价格的“三统一”管理模式，转而实行“六放开”政策，即运力进入市场放开，经营线路放开，货源管理放开，维修市场放开，港口、车站的建设和使用放开，搬运装卸、货运代理等运输服务业放开。民航交通行业形成了政企、政资分开的新型民航管理体制，按照“企业自愿、政府引导”的原则，对直属航空运输企业和服务保障企业进行了重组，组成六大集团公司。成立后的集团公司与民航总局脱钩，交由中央管理。民航总局下设7个地区管理局和26个省级安全监督管理办公室，对民航事务实施监管。按照政企分开、属地管理的原则，除北京首都机场和西藏境内机场外，将原中央直属的90个机场移交地方政府管理。2013年3月10日铁道部撤销并入交通部，3月14日，中国铁路总公司成立，注册资金10360亿，3月17日中国铁路总公司挂牌，标志着中国铁路“政企分开、网运分离、引入竞争、加强监督”的改革方案有了实质性的进展。

3. 编制中长期交通发展规划，引导交通设施有序建设

编制中长期交通发展规划，引导交通设施有序建设，是中国交通运输实现跨越式发展和形成中国特色交通运输发展道路的重要组成部分。三十多年来，中国相继出台了《“五纵七横”国道主干线规划》

《中长期铁路网规划》《国家高速公路网规划》《长江三角洲、珠江三角洲、渤海湾三区域沿海港口建设规划》《农村公路建设规划》《环渤海京津冀地区城际轨道交通网规划》《长江三角洲地区城际轨道交通网规划》《珠江三角洲地区城际轨道交通网规划》《全国沿海港口布局规划》《全国内河航道与港口布局规划》《综合交通网中长期发展规划》《全国民用机场布局规划》等中长期发展规划，为政府引导交通发展，推进交通基础设施建设、管理和运营体制，推进投资主体多元化，提高资源使用效率和运输效益发挥重要的指导作用。

4. 积极采用高新技术，保证运输安全，提高运输质量与效益

在继续扩大交通基础设施建设规模的同时，积极采用高新技术与现代经营管理手段，保证运输安全，提高运输质量与效益。在综合运输体系的规划、建设中积极开发、应用高新技术，紧紧追踪国际先进水平。铁路以高速铁路与快速铁路网建设为重点，搞好成套技术的研究开发；建立以现代信息技术为基础的高度智能化的列车实时追踪系统、自动化管理系统、行车安全监控系统。公路以加快新材料和新工艺的开发与应用为目标，推进新技术、新产品在公路建设和养护中的应用，建立智能化的高速公路交通运输综合信息服务系统、高效的公路运输管理系统、货物动态跟踪系统。水路以提高沿海主枢纽港现代化装备水平为重点，实现内河水运主要水系干支与江海直达运输，建设以电子商务系统为核心的集装箱综合管理系统，加强海事、救助等支持系统的建设。民航运输以提高安全保障能力和通航能力为目标，

建立安全高效的信息网络服务系统。

（二）交通运输改革发展中的深刻教训

1. 过度强调交通基础设施的经营性，弱化了其公益性

交通基础设施是准公共产品，具有较强的公益性，虽然在过去的发展历程中，充分发挥了经营性的一面，吸引了大量的社会资金，使得交通基础设施得到快速发展，形成了中国特色的发展道路。但在发展过程中，由于过度强调其经营性，弱化了公益性，造成过多过滥的收费公路，占全球公路的80%以上，增加了客货运输成本，也影响到中国产品的竞争能力。同时，政府缺乏明确的“分类指导、分类建设、分类经营”策略，造成明显公益性基础设施的投入不足，对落后地区和农村公路建设缺乏更加明确的系统政策。

过度强调经营性，也造成了交通结构发展的失衡，除交通区域结构发展失衡之外，技术结构失衡也比较严重。如：内河航道得不到合理开发应用，普通国省干线建设严重滞后，地方铁路发挥不了应有的作用，支线机场建设困难或建成后难于发挥作用等，影响综合运输整体效率的提高。

2. 交通基础设施重建轻养，运输发展重视不够

交通基础设施建设成就明显，但交通基础设施建成以后的维护、保养问题非常突出，由于各地征收的养护费用大量用于设施的新建，造成养护资金缺乏，同时养护管理机制尚未理顺，导致大量的基础设施缺乏养护，尤其是大量的农村公路更加明显。

相比交通设施的建设，运输方面的重视程度就大大弱化，无论是法规建设、队伍建设，还是管理体制建设，都存在许多与经济发展、交通设施发展不匹配的地方，公路里程世界第一，但公路运输管理水平和服务水平却相对滞后，主要是交通设施建设与运输服务质量缺乏协调，发展战略重点没有适时进行调整。

3. 各种运输方式之间缺乏协调

由于中国长期以来各种运输方式分属不同部门管理，各部门从各自利益出发进行各自运输方式的规划、建设与运营，网络布局自成体系，使运输方式之间缺乏有效衔接，导致许多领域出现大量资源浪费和运输系统低效的情况。而中国人口稠密，国土资源十分有限，人均资源较少，在资源承载力有限和现有能力不足的双重约束下，必须改变运输方式割裂发展的模式，充分发挥综合运输的系统优势。

4. 城市公共交通发展的重要性认识不足

城镇化的加速发展带来城市人口的急剧膨胀，城市居民出行和汽车拥有量持续增加，但城市公共交通系统发展滞后，加剧了各大城市的交通拥挤状况，降低了城市运转效率，并带来严重的环境污染，已严重影响了正常的社会生活秩序。特别是特大城市的大容量快速轨道交通系统尚未建成，在长三角、珠三角、环渤海等城市圈，城际旅客运输能力严重不足。其主要原因是各级部门对公共交通发展的重要性认识不足、前瞻性重视不够。

三、中国交通发展展望

三十年的发展，三十年的辉煌，中国交通运输走上了一条现代化腾飞之路。展望未来，在新的历史起点上，根据经济社会发展的新形势，伴随着新技术、新理念、新方法的出现，中国交通建设将面临新的挑战和机遇。

（一）交通装备现代化

未来中国将进一步加大运输装备的技术革新力度，加快更新换代步伐，优化运输装备结构，提高装备技术水平，争取早日实现运输装备现代化。

1. 为适应社会和经济发展的需要，适应货主和旅客的安全、准确、快速、方便、舒适的要求，中国铁路还需要进行大规模的现代化技术改造。铁路技术发展的总目标是实现铁路现代化。重点发展方向是：旅客运输高速化，货物运输重载化，运输组织多样化，运营管理信息化，安全装备系统化，牵引动力电气化，机车车辆现代化，经营管理科学化。

2. 加强对私人小汽车发展的引导，公路客运车辆将逐步向专业化、标准化、清洁化方向发展，货运车辆将逐步向厢式化、大型化、专业化方向调整。私人小汽车将重点鼓励小排量，向节能环保型方向发展，争取清洁能源汽车技术早日取得突破性推广应用；公路客运车辆鼓励发展大中型高档客车，鼓励使用柴油车，推广天然气和液化石油气等新型能源车型，加快更新老旧车辆；货车大力推广厢式车，加快普通敞篷货车的厢式化进程，重点发展适合高速公路、干线公路的大吨位厢式半挂汽车；鼓励发展集装箱、冷藏、散装、液罐车等专用运输车辆和多轴重载大型车辆。

3. 水路船舶将朝大型化、专业化和标准化方向发展。远洋和沿海船舶将以大型散货船、大型油轮、集装箱船、滚装船和液化气船为重点，向大型化、专业化方向发展；内河船舶将重点发展内河自航船、顶推船队、江海直达船、集装箱船和滚装船，逐步淘汰技术落后的船型，通过调控总量，加快更新动力，向标准化、系统化、大型化和现代化方向发展。

4. 未来民用运输飞机将朝着高速化、大型化方向发展，并强调飞机的安全性、舒适性、经济性和环保性；为了满足不同层次的需求，通用飞机将朝专业化、规模化方向发展。同时，新型大型飞机、支线飞机、直升机和通用飞机等航空装备也必将逐步向国产化方向迈进。

（二）交通管理智能化

在信息化、现代化的时代主题下，交通运输信息化将整体提升交通运输业的生产效率和服务水平，为交通运输现代化建设发挥至关重要的作用。未来交通运输信息化必将向现代化、智能化方向发展，将逐步建立起实时、准确、高效、大范围和全方位的智能化综合交通管理系统。各种新型定位设备、测速设备、监控设备、自动收费设备、信号设备、信息分析处理设备等不断出现，为辅助实现交通运输有效管理创造了良好的条件。特别是在城市交通领域，未来中国城市交通智能化将进入快车道，城市交通信号自动控制、道路交通流实时监控、交通事故紧急救援、交通信息服务等系统全面实施，智能运输系统将在疏导交通、缓解拥堵、优化出行路线、高效运营调度、服务社会、充分发挥城市道路和设施系统的功能等方面发挥巨大作用。

（三）交通运输综合化

交通运输业由若干不同技术经济特征的交通方式构成，每一种运输方式都有其特定的运输线路和运输装备，形成了各自的技术运营特点、经济性能和合理使用范围。随着运输方式的多样化、运输过程的统一化，各种运输方式朝着分工合作、协调配合的方向发展。按照各种运输方式的技术经济特点，建立合理的运输结构，发展综合运输体系，就能使各种运输方式扬长避短，既可以扩大运输能力，又能提高经济效益。信息化、智能化的综合运输系统将高效地协调和衔接各种运输方式，借助于高新技术的创新平台，建成跨部门、跨行业、跨区域的智能化综合集成系统，实现不同运输方式之间有效衔接，逐步达到运输方式间的无缝衔接和零换乘，实现“一票到底、一单到底”；提高综合运输管理决策能力、综合运输公共服务能力、交通应急处理能力，同时，通过提高综合运输网络性能，降低空载率，提高运输效率，减少事故，降低能源消耗，减少污染物排放量，构建交通运输与资源、环境和谐发展的新路径。

第二章

中国公路交通建设三十年

公路运输是19世纪末随着现代汽车的诞生而产生的，初期主要承担短途运输业务，第一次世界大战后，公路运输进入长途运输的领域，第二次世界大战后，欧洲许多国家和美国、日本等国已建成比较发达的公路网，公路运输在运输业中已跃至主导地位。目前，发达国家公路运输完成的客货周转量占各种运输方式总周转量的90%左右。中国在1949年以前的近半个世纪只修成13万千米公路，其中勉强能通车的仅7.5万千米，1949年后，特别是改革开放以来的三十多年，中国公路交通的建设取得了举世瞩目的成就，至2013年年底，中国大陆公路通车里程达435.62万千米，公路汽车运输所完成的货物周转量达55738.08亿吨千米，旅客周转量为11250.94亿人千米。

一、改革开放三十年中国公路交通发展历程

改革开放三十多年来，中国公路交通历经放宽搞活、加快发展、科学发展三个阶段，走出了一条具有中国特色的交通运输改革开放、快速发展之路[①]。

---

① 国家发展和改革委员会综合运输研究所. 中国交通运输发展改革之路. 北京：中国铁道出版社，2009.

（一）中国公路交通放宽搞活阶段（1978年至80年代末）

这一阶段国民经济恢复较快，交通紧张问题凸现，交通运输系统内结构不合理问题逐渐暴露，国家开始着力调整国民经济结构，加强以铁路为中心的运输基础设施的建设，对公路建设也给予了相应重视。

改革开放初期，公路建设在统一规划的基础上开始了全国性有计划地建设。20世纪80年代初制定了国家干线公路网，划定了以首都北京为中心的11万千米国道干线。同时，加强了道路技术水平的改善，虽然总里程到1989年只增加了12.4万千米，增长了13.9%，但等级公路增加了21.0万千米，有路面里程增加了21.1万千米，其中铺有高级及次高级的路面里程增加了10.2万千米，分别增加了41.4%、32.5%和71.1%。其间，交通部于1983年年初提出“有河大家行船，有路大家跑车”的方针，实行转变职能、政企分开、下放权力；1984年年底，国务院决定对所有新增车辆征收车辆购置附加费，提高养路费征收标准，贷款修建的公路、桥梁可收取过路、过桥费，筹资渠道的多元化为加快中国公路建设解决了资金不足的问题。

（二）中国公路交通基础网络建设加快发展阶段（1990年至1997年）

这一阶段为解决主要干线公路超负荷、混合交通严重、车速低、油耗高、事故多的状况，中国公路交通着力于建设国道主干线，提高道路等级，加大覆盖区域。

20世纪80年代末，交通部编制了由“五纵七横”12条线路组成，贯通首都北京、各省省会（直辖市、自治区首府）、经济特区、主要交通枢纽和重要对外开放口岸的以高速公路为主、总长3.5万千米的《国道主干线系统规划布局方案》，经国务院认定后实施，由此揭开了中国大规模建设高速公路的序幕。到1997年，高速公路里程达到4771千米，其中东部地区自1988年以来共建成高速公路3356千米，西部地区自1990年以来共建成165千米，中部地区则自1993年以来共建成1250千米。

除了国道主干线建设外，国家还重点建设和改造省际通道、省会城市和地级市通二级以上公路，基本要求有条件通公路的乡和行政村通公路或通机动车。到1997年年底，全国98.5%的乡镇、85.8%的村通公路，公路交通紧张无序状况初步缓解，公路技术等级结构也进一步改善。虽然这一阶段中国公路的发展结果存在较大地区差异，呈现东部地区公路密度大、高等级公路比重高，中部地区次之，西部地区较低的局面，但总体而言，一个干支衔接、布局合理、四通八达的全国公路网已初步形成。

（三）中国公路交通基础网络建设科学发展阶段（1998年至今）

这一阶段中国公路交通更注重于科学规划、协调发展，公路交通基础设施网络建设以干线大发展、结构层次提升为主，“五纵七横”高速公路网基本建成，西部地区公路建设提速，农村公路建设步伐显著加快。

20世纪80年代末提出的国道主干线规划是基于当时的社会经济和交通背景，仅有12条路线，覆盖能力有限，与新阶段全面建设小康社会的需要已明显不能适应。1998年，为应对东南亚金融危机，中国做出调整投资结构、扩大内需的重大决策，把加快公路建设作为重中之重。国务院在决定增加财政拨款和银行贷款的同时，发行长期债券定向用于交通等基础设施建设，使以“五纵七横”国道主干线系统为主的中国高速公路建设进入了快速发展期，年均通车里程超过4000千米。2005年，作为国土利用规划重要组成部分的《国家高速公路网规划》，在实行最严格的土地制度背景下及时出台。国家高速公路网在“五纵七横”基础上，采用放射线与纵横网格相结合的布局方案，由7条首都放射线、9条南北纵线和18条东西横线组成，简称为“7918”网，总规模约8.5万千米，其中主线6.8万千米，地区环线、联络线等其他路线约1.7万千米。国家高速公路网是中国公路网中层次最高的公路主通道，是综合运输体系的重要组成部分。到2012年年底，公路交通中国道主干线基本建成，极大地提高了公路网的整体技术水平，优化了全国的交通运输结构。

西部地区公路建设方面，自1999年国家西部地区大开发战略提出以来，西部地区公路总量增长较快，2006年以后成为东、中、西三大地区中公路里程最长的地区，二级及二级以上公路中，西部地区所占比重在近几年也呈现出逐步扩大的趋势。但由于西部公路建设起步晚、起点低，公路技术等级状况和公路密度仍然明显不及东、中部地区，虽然与该地区经济发展水平基本适应，却仍影响西部地区公路交通发展水平的进一步提高，因此，今后相当长时期内，西部地区公路建设和改造任重道远。

在农村公路方面，2003年，为全面推进农村小康建设，交通部提出了“修好农村路、服务城镇化、使农民兄弟走上沥青路和水泥路”的农村公路建设总体目标，并安排专项资金用于农村公路通达工程和通畅工程建设，这是继西部地区通州县公路建设之后更大规模的农村交通基础设施建设。2005年8月，在陆续实施、完成贫困县出口路、通州县油路、县际和农村公路改造等建设工程的基础上，为规范、引导今后相当长时期内中国农村公路的建设和发展，交通部出台了《农村公路建设规划》，从全国范围系统性地明确了农村公路建设的发展方向、目标、资金保障措施，强化东、中、西部地区间公路路网密度、技术等级、路况的平衡发展以及公路建设与养护协调发展，以适应农村经济社会发展和提高农民生活质量的要求。截至2012年，全国农村公路（含县道、乡道、村道）里程达367.84万千米，比上年末增加11.44万千米。全国通公路的乡（镇）占全国乡（镇）总数的99.97%，通公路的建制村占全国建制村总数的99.55%；其中，通硬化路面的乡（镇）占全国乡（镇）总数的97.43%，通硬化路面的建制村占全国建制村总数的86.46%，比上年末分别提高0.25个和2.42个百分点。

经过三十多年的创新发展，中国公路交通运输网络的规模和能力迅速扩大，结构不断优化，服务水平不断提升，已经建立起一个比较完善的公路运输系统。如果要用一组数据直观地描述中国公路交通所承载的责任，就是在中国每天有2亿人使用城市公共交通工具上班、上学，有9000万人乘坐长途客车出行，有117万趟班车担负着城乡之间的联系，有7700万吨货物通过公路运往工厂、商铺和千家万户。

二、改革开放三十年中国公路交通建设成就

当今世界公路基础设施的发展趋势是发达国家以完善、维护和提高现有路网和通行能力为主，发展中国家则是普及和提高相结合，在增加公路通车里程的同时，大力提高干线公路的技术水平，高速公路由分散的“点、线”向高速公路“网”发展是大势所趋①②。

结合世界公路的发展趋势，观察中国公路交通发展历程，改革开放三十多年来，中国公路交通的建设成就主要体现在以下几方面：

（一）公路固定资产投资继续保持较快增长

2012年是“十二五”规划的第二年，交通固定资产投资继续保持较快增长势头，但增速持续放缓，趋向正常年度增长水平。交通基础设施建设投资继续保持较快增长。全年完成公路建设投资12713.95

①崔民选，王军生. 交通运输蓝皮书：中国交通运输业发展报告（2011)[M]. 北京：社会科学文献出版社，2011.

②交通运输部综合规划司.2012年公路水路交通运输行业发展统计公报[EB/OL],2013-4-25.

亿元，比上年增长0.9%，其中，高速公路建设完成投资7238.30亿元，下降2.5%；国省道改造完成投资2575.33亿元，增长5.9%；农村公路建设完成投资2145.02亿元，增长6.7%，新改建农村公路19.50万千米。集中连片特困地区贫困县完成公路建设投资2680.80亿元。

（二）路网建设速度加快，质量显著提升

近十年来，中国加大了路网建设力度，2003年全国公路里程数为180.98万千米，截至 2012年年底，中国公路里程数为423.75万千米，增加了一倍多，见图2-1。而1978年中国公路里程数仅为89.02万千米，2012年与之相比增长了近4倍。

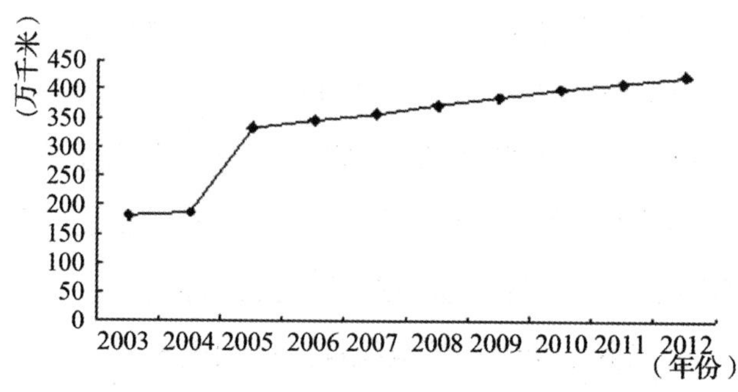

图2-1　中国历年公路里程数

虽然等级公路建设速度加快，但路网质量仍有待提升。2012年中国等级公路里程总计为360.96万千米，等级公路里程比上年增加15.6万千米，占全国公路总里程数的85.2%，提高1.1个百分点。近十年中国等级公路里程占全国公路里程比例呈稳步上升趋势，见图2-2。

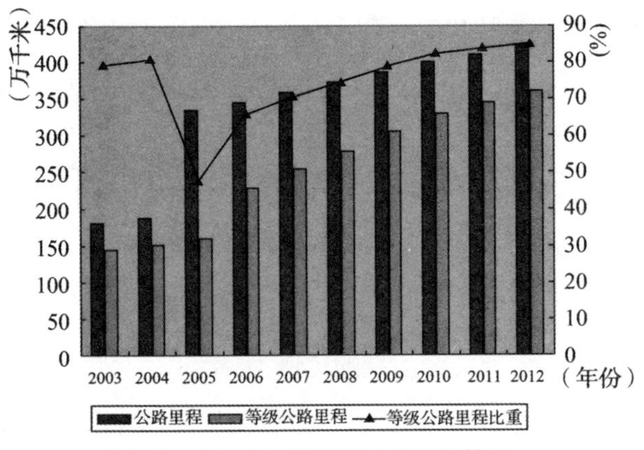

图2-2 近十年中国等级公路里程情况

从行政等级公路里程数来看：国道17.34万千米、省道31.21万千米、县道53.95万千米、乡道107.67万千米、专用公路7.37万千米、村道206.22万千米。国道中，国家高速公路6.80万千米，已完成国家高速公路网规划目标的79%；普通国道10.54万千米，见图2-3。

（三）客运量继续增加，增速趋于平稳

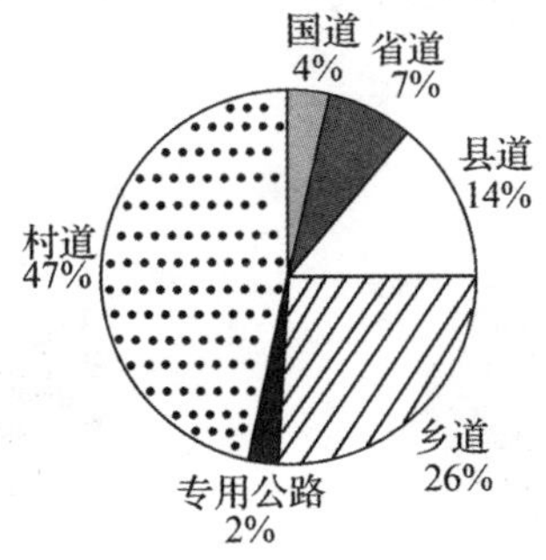

图2-3 2012年全国各行政等级公路里程构成

2003年中国客运量总计约为158.7亿人次，2012年中国客运量总计为 380.4亿人次，与2003年相比，增长了1.4倍。2012年公路客运量为355.7亿人次，比上一年增长8.2%；与2003年公路客运量146.4亿人次相比，增长了1.4倍多；与1978年中国客运量总计约为14.9亿人次相比，增长了22.8倍。

从各运输方式承载的客运量占全社会客运总量的比例来看，1978年公路客运量占全社会客运量的比例为58.75%，2003年公路客运量占全社会客运量的比例为92.2%，之后每年公路客运量占客运总量百分比几乎维持平衡，至2012年逐渐增加到93.5%。说明中国公路客运仍是最主要的客运方式。

从各运输方式承担的旅客周转量占全社会旅客周转总量比例来看，近十年来公路旅客周转量占全社会旅客周转总量比例为55%左右，上下波动不明显，一直高于铁路、水运、民航等其他运输方式。各运输方式承担的旅客周转量所占比例如图2-4所示。

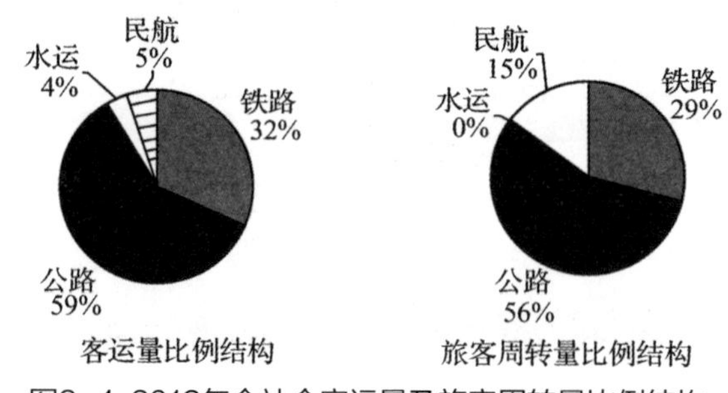

图2-4 2012年全社会客运量及旅客周转量比例结构

（四）社会总货运量持续上升，增速趋于平稳

由于经济的发展，特别是电子商务和物流业的发展，社会对货物运输需求量也在不断增大。1978年中国货运量总计为24.9亿吨，2003年中国货运量总计为156.4亿吨，2012年增长到409.9亿吨，与1978年相比增长了15倍，与2003年相比增长了1.62倍；1978年的公路货运量为8.5亿吨、2003年为116.0亿吨，2012年增长到318.8亿吨，与1978年相比增长了36倍和174.8%。

从各运输方式完成的货运量占全社会货运总量的比例来看，1978年公路货运量占全社会货运量的比例为34.2%，2003年公路货运量占全社会货运量的比例为74.1%，之后逐年上升，至2012年增加到77.8%。此外，1978年公路货物周转量占全社会货物周转总量比例为2.7%，2003年公路货物周转量占全社会货物周转总量比例为13.2%，2012年则为34%，分别增加了31.3个和20.8个百分点；2012年全国公路货物平均运距186.72千米，比2011年提高了2.48%，比2003年提高了205%，比1978年提高了483.5%。当前中国公路交通承担了货物运输完成量的绝大部分。

三十多年来，中国交通运输在改革发展实践中取得了巨大成就，也积累了十分宝贵的经验，概括起来主要有①：第一，必须牢牢把握交通运输行业面临的基本国情和社会主要矛盾，把加快发展作为第一要务；第二，必须以好机制、好政策推动交通运输发展；第三，必须抓住发展机遇，用好机遇，加快交通运输发展步伐，实现交通运输跨

①人民网. 30年来我国交通运输改革发展的经验与展望.

越式发展；第四，必须注重科学规划，使交通运输发展战略、发展步骤、重大举措落到实处；第五，必须坚持调动各方面的积极性，营造交通运输发展的强大合力；第六，必须坚持改革开放，不断解放和发展交通运输生产力；第七，必须坚持“科教兴交”和“人才强交”战略，把科学技术作为交通运输发展的第一生产力；第八，必须坚持依法治交，加强交通运输法制建设；第九，必须坚持以人为本，不断提高公共服务能力；第十，必须抓好行业文明和党风廉政建设，为交通运输发展提供强大精神动力和坚强政治保障。

三、典型工程

便捷高效的公路交通日益改变着人们的思想观念和生活方式，扩大了出行半径，极大地提高了人民的生活水平。为了生动、形象地展示中国公路建设和发展所取得翻天覆地的变化，我们选取杭州湾大桥、秦岭终南山公路隧道、沪嘉高速公路、小磨高速公路等典型工程进行重点介绍。

（一）杭州湾大桥

1. 工程概况

杭州湾跨海大桥是国道主干线沈（阳）海（口）线跨越杭州湾的便捷通道。大桥北起嘉兴市海盐郑家埭，跨越宽阔的杭州湾海域后止于宁波市慈溪水路湾，全长36千米，缩短了宁波至上海间的陆路

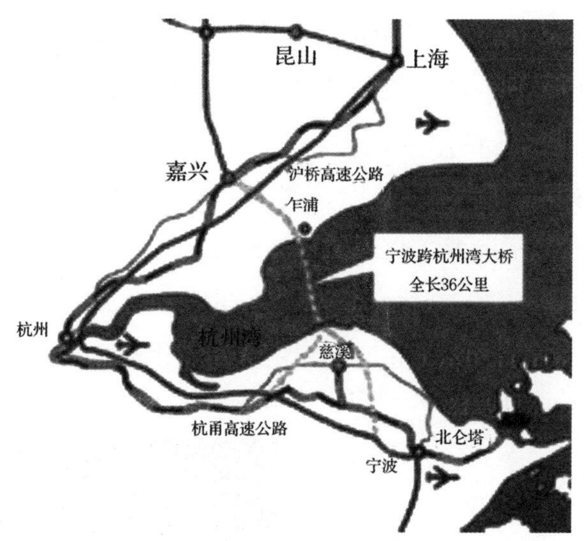

图2-5 杭州湾跨海大桥地图位置

距离100余千米。大桥按双向六车道高速公路设计，桥宽33米，设计时速100千米，设计使用年限100年，总投资118亿元。大桥设南、北两个航道，其中北航道桥为主跨448米的钻石型双塔双索面钢箱梁斜拉桥，通航标准35000吨；南航道桥为主跨318米的A型单塔双索面钢箱梁斜拉桥，通航标准3000吨。除南、北航道桥外，其余引桥采用30～80米不等的预应力混凝土连续箱梁结构。大桥设计中结合景观，桥面为S形，这种设计可以消除驾驶者的疲劳心理。在离南岸约14千米处，设计有一个面积达1.2万平方米的交通服务救援海上平台，同时也是旅游休闲观光平台的杭州湾跨海大桥海中平台。杭州湾大桥是继美国的庞恰特雷恩湖桥和青岛胶州湾大桥之后世界第三长的桥梁，其浩大的工程规模、恶劣的自然环境、“长虹卧波”的设计理念以及先进的施工工艺，成为人类与自然实现对话与和谐共存的典范，在世界建桥史上留下光辉一页。

2. 建设历史与投资

杭州湾跨海大桥2002年经国家计委批准立项，2003年6月8日奠基，2007年6月26日全线贯通，2008年5月1日建成通车。大大缓解已经拥挤不堪的沪杭和杭甬高速公路的压力，也形成以上海为中心的江浙沪两小时交通圈。

图2-6　大桥掠影　　图2-7　夜色下的大桥

杭州湾跨海大桥总投资超过118亿元人民币，主要投资来自浙江省地方政府和浙江民营企业，来自民间的资本占了总资本的一半，包括雅戈尔、方太厨具、海通集团等民营企业都参与了对大桥的投资。大桥收费年限为30年，收费标准为80元/辆。

3. 工程特点

（1）工程规模大、海上工程量大

大桥工程全长36千米，海上段长度达32千米。全桥总计使用混凝土245万立方米，各类钢材82万吨，钢管桩5513根，钻孔桩3550根，承台1272个，墩身1428个，工程规模浩大。

（2）自然环境恶劣

潮差大、流速急、流向乱、波浪高、冲刷深、软弱地层厚，部分区段浅层气富集。其中，南岸10千米滩涂区干湿交替，海上工程大部分为远岸作业，施工条件很差。受水文和气象影响，有效工作日少，据现场施工统计，海上施工作业年有效天数不足180天，滩涂区约250天。

（3）总体设计方案难度大

设计中水中区引桥（18.27千米）和南岸滩涂区引桥（10.1千米），是整个工程的关键；结构防腐问题十分突出，且无规范可遵循；大桥运行期间，桥面行车环境受大风、浓雾、暴雨及驾驶员视觉疲劳等不利因素的影响，采取合理有效的设计对策是保障桥面行车安全的关键。

大桥在设计中首次引入了景观设计的概念。景观设计师们借助西湖苏堤“长桥卧波”的美学理念，兼顾杭州湾水文环境特点，结合行车时司机和乘客的心理因素，确定了大桥总体布置原则。整座大桥平面为S形曲线，总体上看线形优美、生动活泼。从侧面看，在南北航道的通航孔桥处各呈一拱形，形成起伏跌宕的立面形状。

在南航道再往南1.7千米，就在离南岸大约14千米处，有一个面积达1.2万平方米的海中平台。该平台在施工期间，作为海上作业人员生活基地，海上救援、测量、通信、海事监控平台。大桥建成后，

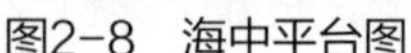
图2-8 海中平台图

图2-9 鸟瞰大桥

这一海中平台则是一个海中交通服务的救援平台，同时也是一个绝佳的旅游休闲观光台。

4. 科技与体制创新

科技含量之高首先体现在施工工艺上。根据专家意见提出的理念，采取预制化、工厂化、大型化、变海上施工为陆上施工的施工方案，突破了长期以来设计决定施工的理念。预制吊装的最大构件为长70米、宽16米、高4.0米、重2180吨的预应力混凝土箱梁，最长的构件为长84米、直径1.6米的超长钢管桩，这种构件可称得上是举世无双。为了减轻海水中氯离子对大桥钢材和混凝土的腐蚀，保证大桥100年的寿命，设计者专门研制了一整套防止海水腐蚀的有效方案，等等。

施工技术方面，面临着海上激流区高墩区大吨位箱梁的整体预制、运输及架设，宽滩涂区大吨位箱梁的长距离梁上运梁及架设，超长螺旋钢管桩的设计、防腐与沉桩施工等诸多施工关键技术的挑战；

在测量控制方面，因桥梁长度超长，地球曲面效应引起的结构测量变形问题十分突出，受海洋环境制约，传统测量手段已无法满足施工精度和施工进度的要求，如何借助GPS技术实现快速、高效测量施工是一个制约全桥工期的核心技术问题。

杭州湾跨海大桥是一座“数字化大桥”。科研单位利用硬件及接口技术、网络及数据库技术、图像图形技术、人工智能技术、计算数学、有限元技术、力学等多学科，建立了一套大桥设计、建设及养管的科学体系。整座大桥设置中央监视系统，平均每1千米就有一对监视器。这样，不仅可对大桥进行科学合理的维护管理，而且大桥“身体”的健康状况也在实时掌握中。

（二）秦岭终南山公路隧道①②

蜀道难，首先难在横亘千里蜀道上的一座凛然威严的大山，这就是秦岭。它像一道不可逾越的屏障，将巴蜀水乡和关中平原严格地分割并区别开来。2007年元月顺利通车的“世界第一隧”秦岭终南山隧道使得西安至柞水段130千米路程缩短到65千米，秦岭在短短15分钟左右就可以轻松穿越。

1. 隧道简介

2002年3月，秦岭终南山深处响起了这座旷世巨隧开工建设的第一炮。秦岭终南山公路隧道是国家高速公路网包头至茂名线控制性工

①秦岭终南山公路隧道. 中华建筑报，2010-11-13.

②熊运福. 秦岭终南山公路隧道考察报告.中国公路网.

图2-10　终南山隧道

程，也是陕西“三纵四横五辐射”公路网中西安至安康高速公路的重要组成部分。隧道单洞长18.02 千米，相当于3.6个北京长安街的总和，双洞共长36.04 千米，建设规模居中国公路隧道之最，仅次于挪威长24.51 千米的莱尔多公路隧道。2007 年1月20 日，秦岭终南山公路隧道举行通车仪式。

秦岭终南山公路隧道，北起西安市长安区青岔，接西安至柞水高速公路岭北段，止于商州区柞水县营盘镇，接西安至柞水高速公路岭南段。设计等级为高速公路，上、下行双洞双车道，是世界双洞最长、技术标准最高、建设规模最大的高速公路隧道，具有国际领先的防灾救援系统、监控管理系统、运营服务系统。秦岭终南山公路隧道的通风采用三竖井纵向分段式通风。隧道设置照明、通风、消防、通信、救援、交通安全控制、供配电、监控八大系统。

2. 隧道亮点

秦岭终南山隧道创造了我国高速公路隧道建设的六项之最：世界上第一座双洞高速公路隧道，单洞全长18.02千米；第一座由我国自行设计、施工、监理、管理，综合水平最高的隧道；世界口径最大、深度最高的竖井通风工程；拥有世界高速公路最完备的监控系统；世界上最先进的高速公路隧道特殊灯光带；首次提出策略管理理论，运用首套策略自动生成软件，对火灾、交通事故、养护等方面进行自动监测和管理。

3. 高新技术的应用

在秦岭终南山公路隧道建设中，有诸多的高新技术应用于项目设计、施工中。

（1）长隧短打技术

目前，中国隧道开挖普遍采取人工钻爆法，国外采用 TBM 法或人工钻爆法。一般都采取两头掘进，导洞出渣来进行开挖。

秦岭终南山公路隧道利用已经贯通的西康铁路秦岭特长隧道H型平导施工，将18 千米隧道分为四段，分别由四个单位同时施工。利用铁路Ⅱ线平导修建18 千米公路隧道，与不利用平导相比，节省投资约3.54 亿元，缩短建设周期2.5 年，并利用铁路隧道已查明的地质资料、现有的建设队伍、临建设施，就地施工，长洞短打，社会经济效益非常明显。

（2）竖井通风技术

秦岭终南山公路隧道通风技术采用三竖井纵向分段式通风技术方案。目前，国内外均无深埋大直径通风竖井技术研究成果。在广泛研究了国内外相关工程实践经验和成果，在结合铁道、煤炭、矿山、冶金等行业的技术成果和国内外知名风机供应商的技术指标后，在多种竖井方案比选的基础上，最终选用了可靠、经济和实用的纵向通风方式。

（3）特殊灯光带，改善驾驶人员视觉技术

为了减轻特长隧道的行车单调，缓解驾驶员的疲劳，保证行车安全，特意在每个隧道内每隔5000米左右设计一处特殊灯光段，每个隧道设三处，净宽10.5米渐变至20.9米，净高7.6米渐变至11.9米，长150米。通过不同的灯光变化、图案的变化将特长隧道分为几个短隧道，不同位置、不同色彩的灯光，在隧道里构成了一个光的世界。而更为特殊的是，走不了多久，你就会看到前面一片光明，似乎就要走到洞口了。天上白云朵朵，地下绿树成荫。在隧道里特殊灯光带长150米、宽20.9米，在隧道中就像一个袖珍的小公园。其设计在亚洲公路隧道属于首创，在世界高速公路隧道属于首创。

图2-11　巧妙的灯光设计缓解疲劳

（4）环保技术

秦岭终南山公路隧道所经过的国家级牛背梁自然保护区，是陕西省中草药资源宝库和国家一、二级动物保护区及陕西省西安市重要生活用水水源地。

为使隧道工程建设减少对自然环境的影响，在选线过程中，研究了不同高程、不同长度共5个长隧道方案的比选，同时重点对由9千米到18千米方案进行论证，加强水文地质和环境评价、地质灾害的研究和勘察工作。力求避开国家牛背梁自然保护区；利用已建成的铁路隧道平行导洞及相关施工设施作为公路隧道施工组织的重要支撑；从节约投资、缩短工期、降低建设风险和减少对自然环境的影响等多方面综合比选后，决定采用了18.02千米的长隧道方案。使进口的高程降低在海拔900米以下，出口高程控制在海拔1000米左右，正常地下涌水控制在每昼夜2万立方米以内。

（5）安全监控技术

安全控制技术涉及防灾救援、照明、监控、供配电、消防等多种专业知识，是一项十分庞大的系统工程。其综合研究成果和系统设计达到了世界先进水平，许多技术在国内属于首创。

4. 隧道意义

秦岭终南山高速公路隧道的建成，能够彻底改善陕南地区的交通现状，增强西安市的经济辐射力，对完善国家和陕西省公路网络结构，突破南北交通屏障，改善中国西北、西南交通运输状况，加强西

图2-12　先进的监控大厅

北、西南，华北、华南的经济文化联系，推进西部大开发，促进黄河经济圈和长江经济圈的政治、经济、金融、文化技术交流具有重大的战略意义。同时，对推动中国高速公路特长隧道建设具有重要意义。

（三）沪嘉高速公路

沪嘉高速公路是中国大陆第一条按高速公路标准施工、沿线设施和设备齐全，带有试验性的高速公路。它的建成通车标志着中国大陆高速公路从无到有，标志着中国公路建设的标准提升至更高一个层次。

1. 工程简介

20世纪60年代以来，上海市区通往嘉定科学卫星城，主要靠沪宜公路。该路路面宽7～9米，线型差，小于二级公路技术标准的弯道16处，沿途有188处与工厂进出道、乡村道及其他公路平交，各种车辆混合行驶，常使交通严重阻塞，事故频繁出现。自1965年以后，交通流量年平均增长率12%～14%，70年代末呈饱和状态。1984年12月21日沪嘉高速公路开始建造，南部端点是上海市宝山区的真北路汶水路口，北部端点是上海市嘉定区的博乐南路嘉戬公路口，1988年10月31日通车，较好地改善了上述交通局面。高速公路全长16千米，车道宽度55米，设计时速120千米。总投资2.3亿元，平均1千米需要1127万元。2012年1月1日起，沪嘉高速公路调整为城市快速路，并结束其收费的历史。

2. 主体结构与配套工程

图2-13 沪嘉高速掠影

沪嘉高速公路主线设计昼夜交通量3.8万辆、路面标准轴载BZZ-100，采用全部控制出入口，上、下车辆分道行驶，并辅以较为完善的各种设施。公路用地宽45米，路面以沥青混凝土为主，部分为水泥混凝土。桥、涵荷载标准为汽车—超20级、挂车—120，桥面与路面同宽。桥梁采用上、下行分离的2座独立桥梁。匝道设计行车速度每小时40千米，路基宽9米，其中车行道宽3.5米。

沪嘉高速公路交通监控系统，分主体和辅助两大部分：主体工程有电话、闭路电视、数据采集与预处理、道路情报、中央控制和显示6个系统；辅助工程有供配电和地下管道2个系统。全线立交桥、匝道、收费口和6个区段，通过设置的检测器、4套摄像机、15门紧急电话等获得的各种交通情报经主机处理，嵌入中控室地图屏，并通过路上可变情报板指示和诱导车辆，达到控制交通量、车速、占有率及路况，保证高速公路畅通和安全行驶。

3. 工程的技术应用

沪嘉高速公路立项初期，国家和地方根据上海的特点和高速公路建设需要，列出课题进行应用研究。主要有“在软土地基上修建高路堤的稳定性研究”“交通监控系统的研究与设计”“桥梁橡胶板伸缩缝的应用研究”“道路反光导标和交通安全设置的研究”“路面防滑性能的研究”“国产沥青在高等级公路上应用的研究”“土工布在高速公路建设中的应用研究”“反光导标的试验研究”等课题。

4. 工程的社会经济效益

沪嘉高速公路，分担市区与嘉定间沪宜公路56%客、货运交通量，使交通事故明显减少，解决了上海对外6个主要公路出入口中交通量最大的西北出入口交通拥塞状况，促进上海市与外省的经济联系，改善嘉定区投资环境，促进工农业生产的发展，对嘉定区跃入全国富县行列起到积极作用，促进嘉定旅游事业的发展。

沪嘉高速公路运营后的1989年和1990年，交通量增长率分别为11%和21%。到1990年年底，已累计通车402.11万辆，征收通行费1053.97万元。1995年全年交通量为396.8万辆，征收通行费3214.69万元。

沪嘉高速公路是中国大陆第一条建成通车的高速公路，标志着中国大陆高速公路从无到有，中国公路建设从此发生翻天覆地变化的开始，标志着中国公路建设的标准升到更高一个层次。沪嘉高速公路的设计、建设成果是一流的，各项技术指标至今仍然可满足交通需求，在上海市高速公路路网中发挥着重要作用。

图2-14　沪嘉高速停止收费

（四）小磨高速公路

小磨公路是继思小高速公路之后第二条通过国家级热带雨林保护区的高等级公路。小磨公路行云流水般的公路线形，与自然美景完美结合，路景、风景相得益彰，美不胜收，让人流连忘返，成为云南公路建设的一面旗帜。

1. 工程简介

小磨公路全线位于西双版纳州境内，主线起于景洪市小勐养镇北侧，与思茅至小勐养高速公路相接，止于勐腊县磨憨边境贸易区中老边界29号界桩附近，与昆曼国际大通道老挝境内路段相接，全长185千米，工程总造价约为63.95亿元人民币，建设资金主要由省自筹（含国内商业银行贷款）和交通部专项基金构成。

小磨公路于2005年1月1日开工建设，2008年7月6日全线通过交

图2-15　公路与环境完美结合

工验收进入试运营。全线有大、中、小桥270座，隧道34座，涵洞743道，互通式立交1处，半互通式立交2处，上跨分离式立交16处、下穿分离式立交7处，平面交叉路口32处。

小磨公路全线采用不同的技术标准建设，其中高速公路有3段，总长34.2千米，分别是：小勐养—景洪14.2千米；尚勇—磨憨10千米；勐腊境内10千米。其余路段近期按二级公路标准建设，远期扩建为一级公路。另有关累联络线12千米三级公路。与原有公路相比，小磨公路缩短里程46千米。

小磨公路建设指挥部遵循“灵活运用技术指标，从投资节约、保护环境、注重水土保持、节省土地入手，最大限度地利用原有自然资源，顺应自然，淡化人工痕迹”的示范理念，坚持“不破坏就是最大的保护”的原则，按“少剥、少切、少砍、少盖、多恢复”的思路，将路线作为资源配置，避免大填大挖，高起点、高标准地保证了项目的建设质量。

2. 工程特点与意义

2009年11月，备受东南亚国家关注的小（勐养）磨（憨）一、二级公路试通车一年后，来自全国各地的几十位公路建设方面的专家，一踏上这条通往国门的公路，就被深深吸引住了。

从空中俯瞰，公路像一条银色长龙，蜿蜒于莽莽原始森林中，时而穿山越岭，时而一露峥嵘，时而隐匿不见，时而大开大阖，优美的线形让人赞叹不已。乘车行走在公路上，两侧葱茏的绿化景观与界线之外的茂林修竹连为一体，林隙中不时可以看到傣家的竹楼、田地、茶林。就连通常在公路常见的隧道、挡墙、防护栏等生硬的建筑物，也似乎是那样地柔美谦和。公路线形如行云流水，与自然美景的匹配天衣无缝；路景、风景相得益彰，美不胜收，让人流连忘返。专家们还用一句带有文学色彩的语言描述了建设过程，即“轻轻地进入，完美地实施，悄悄地离去”。

（1）它是一条通向世界之路。小磨公路的贯通，标志着昆曼国际大通道云南省境内段全线建成通车。小磨公路是规划的亚洲公路网的AH3线的一部分，这条公路线起于俄罗斯的乌兰乌德，经蒙古乌兰巴托进入中国境内，由北京经上海、杭州、昆明，至磨憨进入老挝境内，经南塔止于泰国清迈。小磨公路是昆曼大通道中国境内的最后一段。

图2-16　小磨公路空中俯瞰

（2）它是一条呵护生态之路。踏上小磨公路，就像踏上了绿色风情之旅的路途。不必路牌提示，路边的热带雨林表明你已经进入了让人梦萦魂牵的西双版纳核心地带，不断延伸的公路就好比是绿色氛围中的一条优美曲线，一碧如洗青翠欲滴的橡胶林、原始森林一闪而过，林子的上空云雾缭绕，林子深处似乎能听到潺潺的流水声。行人突然会有一种飘飘然的感觉，感觉到“人在车中坐、车在画中游”的惬意，“融入自然、享受自然、热爱自然、回归自然”的享受扑满胸怀。那些掩藏在树荫之中的高桥，就像是苍天和古木间的空中走廊；甚至于不时出现在视野中的“请勿鸣笛”“请勿酒后驾驶”“请勿疲劳驾驶”“前方进入保护区”等人性化、个性化的用中、英、傣三种文字书写并配以写意画的提示牌，也让人倍感温馨、亲切。

（3）它是一条科技创新之路。小磨公路建设中保证环保、质量的最有力的武器是科技手段的广泛运用。

线路经过的勐仑热带植物园，是中国著名的植物学家蔡希陶于1958年创建的，占地900公顷，共引进亚洲、非洲、拉丁美洲地区珍

图2-17　国门示范工程

图2-18　穿越热带雨林

稀植物一千多种，设有植物标本馆、珍稀濒危植物种质资源库和植物技术实验室，为中国热带植物资源开发利用和保护的重要研究中心。小磨公路第九合同段承建的雨林谷特大桥长1089米，是全线的控制性工程。原设计为路基方案，为了保护原始生态，指挥部经过认真研究和论证，改路基为特大桥方案，避免了建设中的大开大挖。

（4）它是一条安全便捷之路。小磨公路的建设者们从人性化的角度出发，通过科学设计公路线形和主动改善道路交通条件等措施，消除公路本身可能引起的安全隐患，最大限度地保证行车安全。

勐宽坝子平交道口有两株高大的古榕树生长在选定的线路上。为保护古榕树，建设者集思广益，经修改设计，采用分离式形式，古榕树依旧挺立，成为公路上一道独特的景观。

（5）它是一条和谐致富之路。小磨公路不仅是一条绿色长廊，更是一条奔向富裕的金光大道！公路经过的地方，在通车之后短短的一年多时间，古老的边疆发生了天翻地覆的变化。西双版纳州首府景洪市，城市建设规划随即进行了调整，沧江新区的开发建设如火如荼。在起点小勐养，小城镇建设初具规模。过去发展滞后的勐腊县，过境公路边，蕉农们丰收的香蕉不用再担心出现积压、腐烂；在终点磨憨口岸，狭窄的山谷已经成为开发建设的热土，南亚商贸城和多个居住小区正在拔地而起，一座新兴边境贸易商城应运而生。

小磨公路，既是中国和周边国家乃至东盟各国团结和谐、共同进步、共同发展的重要通道，又是云南边疆人民和谐致富之路。

第三章

中国铁路交通建设三十年

铁路对于一个国家来说就相当于动脉对于一个人的作用。目前，世界上大多数国家的铁路仍然是客运和货运兼顾的常规铁路，高速铁路、重载铁路和常规铁路虽然基本形式相同，但在技术方面，包括机车和车辆、线路和轨道以及列车的编组和运行都各不相同。因此，各国根据各自的具体情况，采取不同的技术修建或改造本国的铁路。改革开放三十多年来，中国铁路的发展经历了三个阶段，取得了举世瞩目的成就。

一、改革开放三十年中国铁路交通发展历程

中国从1876年修建第一条淞沪铁路以来，到1981年止的105年时间内，共建铁路50181千米，其中双线铁路为8263千米，电气化铁路为1667千米。这105年期间，在1949年中华人民共和国成立前，中国平均每年修建铁路300余千米；中华人民共和国成立以后，中国平均每年修建铁路超过800千米。

图3-1　1876年中国修建的淞沪铁路

1978年，中国实行了

改革开放，铁路交通运输成为恢复国民经济正常秩序而首要发展的重点行业之一，在此后的三十多年，中国铁路的发展大致经历了三个阶段。

（一）以既有铁路基础设施挖潜改造为主的阶段（1978年至1989年）

在这个阶段的12年内，国家对铁路采用“收缩战线，集中力量，强化改造，适建新线”的建设方针，重点是解决运输生产能力不足、制约国民经济发展这个焦点问题。以对主要繁忙干线的强化改造（北战大秦、南攻衡广、中取华东）为主，适当修建新线，着手理顺铁路内部，特别是新线建设、旧线改造、机车车辆工业生产之间的关系；同时，为提高西部煤炭外运能力和加强沿海港口后方铁路的运输能力，先后建成了京秦、大秦、兖石、新菏、皖赣、青藏铁路哈格段、南疆铁路吐库段等铁路新线，增建胶济、同蒲、石德、陇海东段、京

图3-2　1984年通车的中国南疆铁路吐库段

图3-3　1987年电气化的中国成渝铁路

广南段、沪宁等铁路第二线，对丰沙大、石太、太焦、成渝、贵昆等铁路进行了电气化改造。到1989年年末，铁路营业里程为5.69万千米，国家铁路达5.32万千米，其中复线和电气化里程分别达到1.25万千米，同1978年相比，国家铁路增长9.5%，复线里程增长64.5%，电气化里程增长6.4倍，复线和电气化里程占国家铁路里程的比重分别提高了4.4%和10%。

为改善因建设资金不足而制约铁路交通建设的局面，国家改革了铁路建设项目投资模式，从1982年开始允许多渠道集资修建铁路，原铁道部（现中国铁路总公司，下同）独自建设铁路的局面开始打破。到1987年合资建成4条铁路、297千米，投资7.01亿元，其中原铁道部占32.5%，地方及企业占67.5%；在建9条铁路、1275千米，已投资的9.92亿元中，原铁道部占49.7%，地方和企业占50.3%。此外，地方、企业出资修建的地方铁路，到1987年达3100多千米，出现了中国最长的地方铁路——集通铁路（集宁—通辽）和第一条中外合资地方铁

图3-4　最长地方铁路——集通铁路

图3-5　第一条中外合资地方铁路——金温铁路

路——金温铁路（金华—温州）。地方铁路成为这一阶段中国铁路运输业的重要组成部分。

但在这个阶段中，铁路交通建设方面发展还是缓慢，铁路营业里程增加不多，总规模仅达到5.69万千米，而同时期国民经济高速发展，铁路运输紧张状况加剧，致使铁路交通运输对国民经济的瓶颈制约进一步凸现。

（二）铁路基础设施网络建设加快发展阶段（1990年至1997年）

这一阶段的8年内，作为国家运输重要支撑力量的铁路建设，以缓解运输紧张状况为重点，国家突出干线通道的建设和大规模技术改造，相继出台了一系列政策措施，重点突出干线通道的建设，特别是1992年邓小平同志南行讲话，是三十多年改革开放里程中重要的里程碑，“交通先行”“要想富，先修路”等朴素而真实的口号成为社会的共识。在其后的数年间，铁路交通运输企业市场化改革不断推进，如：广州铁路（集团）公司挂牌成立，实施建立现代企业制度试点；广深铁路总公司在境外发行股票和上市等。为推进铁路建设，1993年国家批准征收铁路建设基金，出台相关实施办法鼓励中央和地方合资建设铁路，1995年开始允许发行中国铁路建设债券等，基本建设投资从1990年的66.6亿元增加到1993年的317.3亿元，到1998年增加到634.4亿元，更新改造投资也从1990年的26.3亿元增加到1993年的56.3亿元，到1997年增加到104.1亿元，使铁路建设进入了一个新的发展时期，快速、优质、高效地建成了一批重点工程。到1997年年底，全国铁路营业里程已达6.6万千米，居亚洲第一；电气化铁路达1.2万千米，成为世界上第九个拥有1万千米以上电气化铁路的国家；新建贯通南北的又一大通道——京九铁路和连接大西南的出海通道——南昆铁路；南疆铁路、朔黄铁路、跨海粤海铁路等线路开工建设。同时通过大规模的技术改造，较大地提高了既有线路的技术装备水平和运输能力。在此基础上，1997年中国铁路进行了第一次大提速，京沪、京广、京哈、陇海四大干线客货列车全部提速，允许时速超过120千米的线路延长为1398千米，时速超过140公里的线路延长为588千米，时速超过160千米的线路延长为752千米。在此期间建成的大秦重载铁路和广深准高速铁路通车，揭开了中国铁路向货运重载和客运高速发展、走向交通现代化的序幕，铁路运输制约国民经济发展的局面开始得到缓解。

图3-6　中国铁路建设债券

图3-7　跨越渭河的陇海铁路

（三）铁路基础设施网络建设以干线大发展、结构层次提升为主的协调发展阶段（1998年至今）

在这个阶段的10多年内，中国铁路实施五次大提速，建设客运专线，发展重载列车，中国进入发展高铁时代。1998年至2002年是中国经济在波折中调整的时期，同时也是中国铁路交通跨越式发展关键时期。由于受1998年亚洲“金融危机”的影响，中国政府及时调整经济发展方针，通过扩大国内需求拉动经济增长，其中加大交通领域基础设施投资成为拉动经济增长的重要途径。受加大基础设施投资政策的激励，一大批铁路重大交通基础设施建设项目开工建设，部分在建项目加快了实施进度。譬如：秦（皇岛）沈（阳）客运专线开工建设；东起青海格尔木，西至西藏拉萨，全长1118千米的青藏铁路开工建设；世界第一条商业运营的磁悬浮铁路——上海磁悬浮示范线于2002年全线建成；内（江）昆（明）铁路全线通车；中国第一艘跨海火车轮渡“粤海铁1号”横渡琼州海峡；中国首辆装有摆式转向架、时速可达140千米的货车在湖南株洲车辆厂下线；为配合铁路提速工程加大既有干线电气化改造力度等。

在此期间，中国铁路进行了三次大提速。1998年10月1日的第二次提速，提速范围重点还是第一次提速的四大干线，允许时速超过120千米的线路延长为6449千米，时速超过140千米的线路延长为3522千米，时速超过160千米的线路延长为1104千米；2000年10月21日进行了第三次提速，提速范围主要是陇海、兰新、京九和浙赣线，允许时速超过120千米的线路延长为9581千米，时速超过140千米的线路延长为6458千米，时速超过160千米的线路为1104千米；2001年10月21日进行了第四次提速，提速范围主要是京九线、武昌—成都（汉丹、襄渝、达成）、京广线南段、浙赣线和哈大线，允许时速超过120千米的线路延长为13166千米，时速超过140千米的线路延长为9779千米，时速超过160千米的线路为1104千米。

2002年以来，随着加入WTO（世界贸易组织），国家对交通运输在经济社会中的基础性、先导性作用的认识更加明确，更加重视先规划后建设，以《中长期铁路网规划》为指导，明确提出在2020年前建设由“四纵四横”8条客运专线及环渤海、长三角、珠三角3个城际客运系统组成的，总长1.2万千米、时速200千米及以上的中国铁路客运专线系统的规划目标。

通过原铁道部与各省区市联合建设模式的推行，充分发挥了原铁道部与地方政府的积极性，铁路建设速度显著加快，突出地表现在：2003年7月中国第一条客运专线秦沈客运专线开通；一批铁路客运专线、快速铁路和城际铁路开工建设，包括：京沪高速铁路、石家庄—太原客运专线、武汉—广州客运专线、郑州—西安客运专线、合肥—南京客运专线、石家庄—武汉客运专线、哈尔滨—大连客运专线、青岛—济南客运专线、北京—石家庄客运专线、天津—秦皇岛客运专线，贵阳—广州快速铁路，京津城际铁路、广州—珠海城际铁路、长春—吉林城际铁路工程等；一些区域性新建或改扩建铁路线开工建设，包括：福州—厦门铁路、迁安—曹妃甸铁路、宁波（甬）—台州—温州铁路、云南大理—瑞丽铁路、太原—中卫—银川铁路、兰州—重庆（渝）铁路等；铁路枢纽建设与技术升级也加快，如：北京南站改扩建、北京站—北京西站地下直径线工

图3-8 中国铁路《中长期铁路网规划》

程、贵阳铁路枢纽扩建工程、上海南站工程，以及一批铁路集装箱中心站等相继开工建设，国内首座全地下火车站广深港客运专线福田站在深圳开工；铁路运输技术取得新的突破：大秦线成功开行2万吨重载列车，标志着中国最长的跨海铁路轮渡——山东烟台至辽宁大连的铁路轮渡“中铁渤海1号”开通，国产CRH高速列车动车组在沪宁杭正式上线运行，磁悬浮沪杭线项目建议书通过国务院批准，在2004年4月18日，中国铁路进行了第五次大提速，三年后，即2007年4月18日，中国铁路实施了第六次提速，北京到上海只花10小时，并继续坚持“提速不提价”原则。以客运专线、城际客运线为重点，铁路掀起了前所未有的大干快上的高潮，一列列国产动车组呼啸而过，引领着中国铁路跑出了令人心跳的速度——394.3千米/小时。

图3-9　中国铁路轮渡“中铁渤海1号”

2008年中国投资3000亿元大规模推进铁路建设，达到铁路建设的一个高潮。2008年4月18日，京沪高铁正式开工，此前，武汉到广州、郑州到西安等20多条时速200千米—350千米的客运专线和城际铁路相继开工建设，新建设的高速铁路规模达到8000余千米。京津城际铁路在2008年北京奥运会前开通运营，为中国高速铁路的建设和运营发挥示范作用。

2008年10月中国对2004年的《中长期铁路网规划》进行了调整并颁布实施。调整方案将2020年全国铁路营业里程规划目标由2004年确定的10万千米调整为12万千米以上，其中客运专线由1.2万千米调整为1.6万千米，电气化率由50%调整为60%，规划建设新线由1.6万千米调整为4.1万千米，刷新了中国铁路建设的蓝图。

中国铁路，除国内建设外，还连接周边国家。从中国坐火车可以直达欧洲各国。目前，中国共有10条铁路通道与周边邻国相连接，其中，对俄罗斯3条，对朝鲜3条，对蒙古1条，对哈萨克斯坦1条，对越南2条。

为了加快国际通道建设，中国还决定将在西部地区筹划修建以下的铁路，一是作为亚欧大陆桥南部支线的中吉乌铁路，该线为西北进出境铁路，东起中国南疆铁路的终点喀什市，向西经吉尔吉斯共和国至乌兹别克斯坦共和国的安集延与中亚铁路接轨。还有一条是连接东南亚的国际大通道的中缅铁路，以云南省昆明市为起点，经大理至瑞丽，再由瑞丽至缅甸腊戍，最后与泰国、马

图3-10　动车组列车飞驰在京津城际铁路上

图3-11　动车组列车行驶在渝利铁路上

来西亚铁路接轨直达新加坡。这对加强中国西南地区与东南亚各国的联系将起到积极作用。

中国还在规划建设一条西南国际铁路新通道，连接南亚各国的中印铁路。由云南西行，经缅甸到达印度、孟加拉国，并与其铁路接轨，使中国境内的铁路网直接与孟加拉湾各大港口连接，以方便西南地区乃至中国对南亚和中东、非洲及欧洲等国家的对外经济联系与开放。

改革开放三十多年来，中国铁路的发展大致经历以既有铁路基础设施挖潜改造为主，加快发展铁路基础设施网络建设，以干线大发展、结构层次提升为主的铁路基础设施网络建设协调发展三个阶段。截至2013年年末，中国铁路营运里程超过10万千米，居世界第二位；10万千米中，时速120千米及以上线路超过4万千米，其中时速160千米线路超过2万千米；高速铁路突破1万千米，在建规模1.2万千米，中国成为世界上高速铁路运营里程最长、在建规模最大的国家；复线和电气化里程分别达到4.6万千米和5.4万千米。

二、改革开放三十年中国铁路交通建设成就

（一）中国高速铁路发展

当今世界上，铁路速度的分档一般定为：时速100～120千米称为常速；时速 120～160千米称为中速或准高速；时速160～200千米称为快速；时速200～400千米称为高速；时速400千米以上称为特高速。高速铁路是现代社会的一种新的运输方式。中国高速铁路，常被简称为“中国高铁”。

中国高速铁路成长、成熟的“试验田” 是中国广深铁路。1998年5月，广深铁路电气化提速改造完成，设计最高时速为200千米，同年8月使用由瑞典租赁的X2000摆式高速动车组，实现了在铁路既有线路提速至高速铁路的壮举。1998年6月，中国设计制造的第一种高速铁路机车韶山8型电力机车在京广铁路的区段试验中达到了时速240千米的速度，创下了当时的“中国铁路第一速”。此后到2000年期

图3-12 广深铁路X2000摆式高速动车组

图3-13 中国韶山8型电力机车

间，中国进行了三次铁路大提速，并正式将高速铁路建设列入规划，到2005年年末，中国已初步建成了以北京、上海、广州为中心，连接全国主要城市的全路快速客运网，总里程达16000千米；客运专线旅客列车最高时速达到200千米及以上，实现高速铁路、部分繁忙干线客货分离；在此期间，用于高速铁路车辆的交流电传动、动车组技术研究也同步进行，并开展时速270km/h的高速动车组的研制。

图3-14　秦沈客运专线

图3-15　“中华之星”电力动车组

中国第一条真正意义上的高速铁路，是在2002年建成运营的秦沈客运专线，全线设计时速达到200～250千米。同年，“中华之星”电力动车组在秦沈客运专线创造了当时“中国铁路第一速”的321.5km/h，轰动一时。

2004年至2005年，中国北车长春客车股份、唐山客车公司、南车青岛四方公司先后从加拿大庞巴迪、日本川崎重工、法国阿尔斯通和德国西门子引进技术，联合设计生产高速动车组；2007年4月18日，中国铁路实施第六次大提速和新的列车运行图，繁忙干线提速区段达到时速200～250千米，这是世界铁路既有线路提速最高值，同

图3-16　京津城际高速铁路

图3-17　“和谐号”动车组

时，“和谐号”动车组从此驶入了中国百姓的生活中。

2008年2月26日，原铁道部和科技部签署计划，共同研发运营时速380千米的新一代高速列车；2008年8月1日，中国第一条具有完全自主知识产权、世界一流水平的高速铁路——京津城际铁路通车运营；2009年12月26日，世界上一次建成里程最长、工程类型最复杂、时速350千米的京港高铁武广段开通运营；2010年2月6日，世界首条修建在湿陷性黄土地区，连接中国中部和西部，时速350千米的郑西高速铁路开通运营；2012年12月1日，世界上第一条地处高寒地区的高铁线路——哈大高铁正式通车运营，全长921千米的高铁，将东北三省主要城市连为一线，从哈尔滨到大连冬季只需5小时40分钟，哈大高铁以冬季时速200千米的“中国速度”行驶在高寒地区，成为一道亮丽的风景线；截至2012年年底，中国高速铁路运营里程达9356千米，居世界第一位。

2013年以来，随着宁杭、杭甬、盘营高速铁路以及向莆铁路的相继开通，高速铁路新增运营里程1107千米，中国高速铁路总里程达到10463千米，国家铁路“四纵”干线基本成型。中国高速铁路运营里程约占世界高铁运营里程的45%，稳居世界高铁里程榜首。

（二）中国铁路重载运输发展

当前，世界各国铁路发展呈现着两大趋势，即“客运高速”和“货运重载”。重载运输是除高速铁路以外，铁路现代化的又一个标志。国际重载协会认为，重载铁路必须至少满足以下三条标准中两条：①经常、定期开行或准备开行总重至少为5000吨的单元列车或组合列车；②在长度至少为150千米的线路区段上，年计费货运量至少达2000万吨；③经常、正常开行或准备开行轴重25吨以上（含25吨）的列车。由于重载运输对铁路线路、机车车辆、行车组织等方面的要求比较高，目前世界上只有澳大利亚、加拿大、中国、南非、美国、俄罗斯、巴西等国土幅员辽阔、资源丰富、铁路较为发达、大宗货物运输较多的国家开展铁路重载运输。

中国地大物博，人口众多，矿产资源丰富，特别是煤炭资源，反映在铁路运输组织和车流流向上，形成了（主要物资如煤炭，约占全国铁路运输物资总量的50%及以上，还有粮食等）“北煤南运”或“西煤东运”及“南粮北调”的格局。在20世纪80年代初期“三西”（中国的山西省、陕西省、内蒙古自治区西部）煤炭的外运，以每年递增1000万吨的速度发展，但直到1985年“三西”煤炭外运的北路通道，只有丰（西）沙（城）大（同）线一条铁路，丰沙大线线路设计运输能力为6000万吨，而1985年的实际运量已达到6300多万吨，因此，铁路的运能与运量矛盾极为突出。在这种情况下，中国原铁道部组织人员多次对北美、加拿大、澳大利亚、苏联、南非等重载运输发展较快、取得经验较多、运营收益较大的国家进行技术考察，提出了中国铁路通过采用重载运输的方法，特别是学习了苏联铁路开行“合并列车”的方法，决定在丰沙大线首先开行7400吨组合式重载列车（即以同方向运行的两列普通货运列车，每列3700吨首尾连接在一起）；与此同时，国家还决定修建中国铁路第一条电气化运煤专线——大同到秦皇岛铁路（线），开行单元式的重载列车（即以固定的机车、车辆合成一个运营单元的列车）。这种列车固定机车、固定车辆、固定编组、单一品种（煤炭）、同一到站，在装车站到卸车站间往返循环直达运行，途中没有任何改编作业，其最大特点是在货源集中、方向固定的情况下，可以最大限度地减少运营支出，大幅度地降低运输成本。接着又修建了神朔黄线和大准线重载铁路，开行5000吨到10000吨重载列车。从1992年起，中国对铁路东南沿海地区的繁忙干线逐步进行重载技术改造后，又开行了5000吨级的单列式重载列车（即由大功率机车牵引，机车连挂于列车的头部，车辆不固定，采用一般列车作业方法），每列车比普通货物列车多拉运了十多节车皮、1000吨货物（中国一般货物列车每列车约牵引4000吨）。

改革开放三十多年中，中国推行铁路重载运输，特别是在部分线路上实施客货分线，在既有铁路线路上，完成了更多的运量，全国铁路货运主要指标完成情况良好，各项重点物资运输得到有力保障，有的甚至实现了运量翻番或翻几番，2012年中国铁路货运量达39.04亿吨，近5年中国铁路的货物发送量、货物周转量均居世界第一位。

到2020年，中国铁路重载运输线路和运送货物的比重，将由2007年的19条、占全国铁路货物总运量的26%，上升到30多条、占全国铁路货物总运量的50%及以上。那时中国铁路重载运输线路（如大秦线），将开行以3列车固定在一起的第二代重载列车，同时采用更大功率的交流传动机车和C90乃至C100型的车辆，特重型钢轨的无缝线路；铁路重载的运输管理、通信和列车调度组织指挥，也将普遍采用“调度集中”（CTC）、“列车调度指挥系统”（TDCS）和良好的数据传输通道（GSM-R）系统。届时，中国铁路重载运输将发展成为以数字化、网络化、智能化的信息技术和优良的装备为基础，以“调度集中”和各种MIS系统为载体的高科技现代化铁路，输送能力和输送效率将大幅度提高。

图3-18　开行5000吨级单列重载列车

改革开放三十多年来，中国铁路交通建设成就集中体现在高速铁路和重载运输铁路的发展方面，并且在部分线路上实施了客货分线，中国高速铁路运营里程约占世界高铁运营里程的45%，稳居世界高铁里程榜首，近五年中国铁路的货物发送量、货物周转量均居世界第一位。

三、典型工程

（一）中国第一条单元重载运煤专线铁路——大秦铁路（1993年）

1. 工程简介

大秦铁路自山西省大同市至河北省秦皇岛市，纵贯山西、河北、北京、天津，全长653千米，线路钢轨采用75kg/m的重型钢轨，重车线为无缝线路；配置了最大功率超过10000马力的HXD3和谐型电力机车；采用最成熟的GSM-R铁路移动交换网和最先进的综合自动保护装置和远动系统的牵引变电系统，实现了微机化管理，是中国第一条双线电气化开行重载单元列车的运煤专线，主要承担山西北部、内蒙古自治区西部和陕西北部的煤炭外运任务，是中国西煤东运的主要通道之一，承担着全国铁路煤炭运量的近1/5。

大秦铁路于1992年年底全线通车，2002年运量达到1.034亿吨，

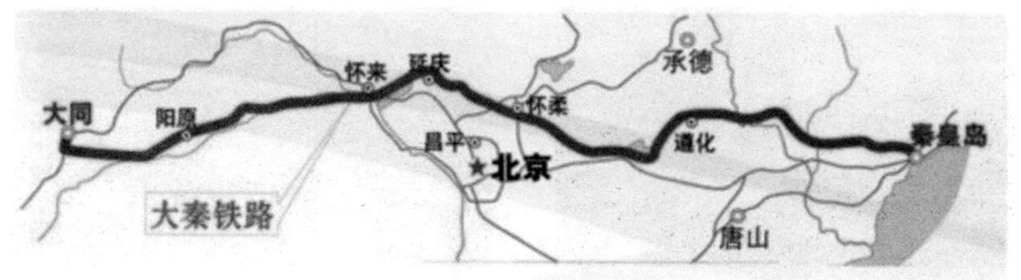

图3-19　大秦铁路线路图

超过当时1亿吨的设计能力。2004年起，原铁道部对大秦铁路实施持续扩能技术改造，到2004年年底，大秦线2亿吨扩能改造工程基本完成，大量开行1万吨和2万吨重载组合列车，全线运量逐年大幅度提高，2008年运量突破3.4亿吨，2010年运量达到4亿吨，2011年完成年运量4.4亿吨，成为世界上年运量最大的铁路线。

2. "和谐型"大功率机车

波兰，华沙，国际铁路合作组织办公室，来自格鲁吉亚的统计分析官员格隆季特意找到了中方工作人员。他急迫地想澄清一个疑惑：中国653千米的大秦铁路9位数的年运量，与波兰全国2万多千米铁路的运量几乎相当，"你们是不是把标点点错了？"中方人员肯定了数字的正确性。格隆季一脸愕然，像是把硕大的问号顷刻拉伸成惊叹号。惊叹的背后，是以大秦铁路和"和谐型"大功率机车为代表的中国重载铁路的运输奇迹。

"和谐型"大功率机车单轴功率1600千瓦、单机牵引1万吨的重载机车成套技术装备，被誉为"世界机车金字塔尖"。

图3-20　大秦线上长度达2千米以上的万吨载重列车

2004年，中国与德国西门子、法国阿尔斯通、日本东芝等跨国企业，达成了引进大功率重载机车技术的合作协议，计划引进6轴9600千瓦大功率电力机车。但是，这款产品国外当年并没有下线。原铁道部敲定了“两步走”的引进策略：在引进消化吸收8轴大功率电力机车、掌握交流传动技术的基础上，自己研发更先进的6轴大功率电力机车。组织中科院力学研究所、大连理工大学、西南交通大学的多位院士专家，会同生产厂家技术人员联合研发关键技术。不到半年，6轴大功率机车交流传动技术、6轴转向架技术等相关课题被逐一攻克。并且在搜集整理源自法国、日本、俄罗斯的3400余项技术标准的基础上，建立了完备的高、低端两套体系。经过两年的努力，2008年12月29日，由中国人研制的、世界上第一台6轴9600千瓦大功率电力机车下线。

图3-21　HXD3和谐型电力机车

3.新型车辆

C80B型不锈钢运煤敞车是为开行2万吨重载列车设计制造的运煤专用车辆,能与秦皇岛三、四、五期煤码头的拨车机、列车定位机和三车翻车机相匹配，实现不摘钩连续翻卸作业；并能适应环形装车、直进直出装车和解体装车作业及运行时机车动力集中牵引要求。该车自重20吨、载重80吨、换长1.1、商业运营速度100km/h。车体采用了不锈钢材料，增加了车体整体刚度和强度，减轻了车体自重，增大了容积和载重，提高了材料的抗腐蚀能力。

图3-22　C80B型不锈钢运煤敞车

为进一步提高运输效率及车辆检测水平，确保车辆运行安全，在大秦全线安装了车辆红外线探测车号自动识别系统（THDS）；2003年12月在茶坞、下庄重车线分别安装了货车运行故障动态检测系统（TFDS）和货车滚动轴承早期故障轨边声学诊断系统（TADS）；2004年5月份在茶坞、卢龙北空车线安装了货车运行故障动态检测系统TFDS和货车滚动轴承早期故障轨边声学诊断系统（TADS）；2004年10月在木林空车线和延庆重车线分别安装了列车动态运行地面监测系统（TPDS）。

4. 重要作用

作为中国重要的煤炭运输通道，大秦线承担着全国铁路19.5%的煤炭运量，担负着全国六大电网、五大发电集团、350多家主要发电厂、十大钢铁公司和6000多家企业生产用煤和民用煤、出口煤的运输任务。中国首都北京市的供电局曾有工作人员形象地说：首都城镇居民家庭每3盏电灯中，至少有1盏是靠大秦铁路输送的电煤发电点亮的。大秦铁路在中国铁路重载化和重载铁路网络化的发展中树立了良好的示范效应。

（二）中国南北向最长的干线铁路——京九铁路（1996年）

1. 工程简介

京九铁路是中国仅次于长江三峡工程的第二大工程，是投资最多、一次性建成双线线路最长的一项宏伟工程。它于1996年9月1日通车，北起首都北京西客站，南至特别行政区香港九龙站，途经9个省市，全长2536千米。2012年12月17日，京九铁路全段电气化改造全部完工，改造后的京九铁路可满足开行双层集装箱列车及动车条件。京九铁路不仅是一条纵贯南北的交通大动脉，也是一条风景优美的旅游热线。

2. 重要意义

京九铁路连接北京和香港，途经京、冀、鲁、豫、皖、鄂、赣、

图3-23 京九铁路线路图

图3-24 京九铁路掠影

粤8个省市和香港特别行政区，沿线资源丰富，有粮、棉、油产区，有众多的矿产资源和旅游资源，是一条南北干线，京九铁路的建设对完善中国铁路网布局，缓和南北运输紧张状况，带动沿线地方资源开发，促进港澳地区稳定繁荣，特别是京九铁路途经革命老区，对推动革命老区经济发展，加快老区人民脱贫致富，具有十分重要的意义。

（三）崇山峻岭间成功修建的钢铁大动脉——南昆铁路（1997年）

1. 工程简介

南昆铁路东起南宁，西至昆明，北接红果，全长898千米，是在艰险山区修建的一条国家I级干线电气化铁路，于1990年12月正式开工，1997年12月开通运营，年输送能力近期为1000万吨，远期扩能可达3000万吨。

图3-25 南昆铁路规划图

图3-26 南昆铁路掠影

铁路从北部湾海滨爬上云贵高原，相对高差达2010米，实属罕见，其中因江河跨越，有八次大的起伏。全线修建桥梁447座、隧道258座，工程艰巨复杂。其中一些工程项目创造出中国铁路建设的多项纪录。如，高达183米的清水河大桥是中国铁路最高桥，其二号桥成为中国第一座铁路弯梁桥；八渡南盘江大桥的百米高墩，改写了中国既有桥梁70米高墩的纪录，高墩上的V形支撑更是在中国铁路桥上首次采用；9392米长的米花岭隧道是中国目前最长的单线隧道；铁路通过膨胀土（岩）、岩溶、软土地区，泥石流、滑坡多发区和八度地震区，成功应用了地基处理和新型支挡结构等多种高水平的工程技术；家竹箐隧道的高瓦斯地层、高应力地区长隧掘进，极大提高了中国隧道物探超前预报和防灾技术。这些新技术经过科研和实践，把中国筑路技术提高到一个新水平。

2. 世界之最

（1）最高的铁路桥——清水河大桥

清水河大桥位于贵州省兴义市、兴仁县和普安县三地交界处，跨越云贵高原南盘江上游支流清水河峡谷。全长360.5米，全桥设四墩两台，4号墩为明挖扩大和嵌岩基础，挖深54米，墩身为矩形空心墩，墩高100米。箱梁最大跨度128米。桥高（谷底至桥面）183米。其桥高、墩高、基深在目前世界同类型铁路桥中属第一位，主跨128米，为目前中国铁路干线同类桥梁之最。

图3-27 清水河大桥

（2）“天下第一险洞”——家竹箐隧道

家竹箐隧道位于威（舍）红（果）段的鲁番站与上西铺站之间。隧道全长4975米。隧道洞身有1085米是煤系地层，主要煤层共14层，各煤层瓦斯压力测算值大多超过0.6Mpa，最高的达到1.34Mpa。煤炭

图3-28　家竹箐隧道

部门《防治煤与瓦斯突出细则》指出，当煤层瓦斯压力超过0.6Mpa时，已存在煤与瓦斯发生“突出”的危险。据测算，隧道施工通过煤层时，瓦斯涌出量最多达到每小时349立方米。因此，家竹箐隧道属高瓦斯有突出危险的隧道，其施工难度和危险性，在中国铁路隧道建设史中还没有先例。

（3）最长单线电气化铁路隧道——米花岭隧道

米花岭隧道位于广西壮族自治区田林县板桃乡境内，全长9392米，隧道线路平面为S形，进、出口各设一段曲线，进口曲线进洞长度258米，曲线半径为1000米，曲线长度约占全隧道的6%。该地区属亚热带湿润季风气候，山中树木四季常青，花果长年不

图3-29　米花岭隧道

断。每到严冬季节，满山遍野米花怒放，洁白芬芳，米花岭因而得名。

隧道穿越右江与南盘江两水系的分水岭——九巍峨山脉，区域内山脉绵延，峰峦起伏，山坡陡峻，沟谷深切。隧道穿过的山体地质复杂，对隧道威胁大的主干断层有3条，有一定影响的小断层16条，并有6个褶曲、10个蓄水带，其中有4个富水带可能突水突泥，全隧坑道每昼夜的涌水量为17000立方米。

3. 重要意义

南昆铁路被称为“中国最大的扶贫项目”，南昆铁路的建成，改善了路网布局，不仅是西南与华南沿海间最便捷的通道，而且与钦州湾上的钦州、防城港、北海以及雷州湾上的湛江港一起，构成一个出海大通道，从而把地域辽阔、发展潜力巨大但无出海口的西南内陆，与有绵长海岸、交通发达的华南地区连接起来，形成“背靠大西南，面向东南亚”的格局，为大西南的资源开发和从根本上改变贫困落后面貌起到促进作用。

（四）世界首条商业运营的磁悬浮铁路——中国上海磁浮示范运营线（2002年）

1. 工程简介

上海磁浮示范运营线是世界上首条投入商业运营的高速（通常指时速大于250千米）磁悬浮列车线路，2000年6月，上海市人民政府与德国磁浮国际公司开展合作，2002年12月31日通车启用，属于上海

图3-30 从浦东机场驶出的磁悬浮列车

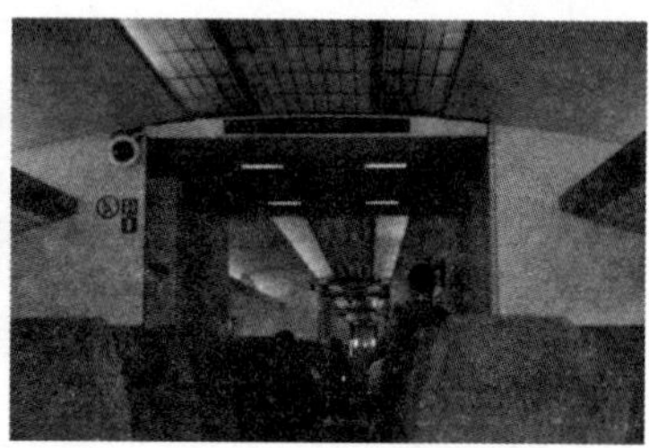
图3-31 上海磁悬浮列车普通席内景

轨道交通的一个部分，具有交通、展示、旅游观光等多重功能。

上海磁浮示范运营线西起上海轨道交通2号线龙阳路站，东到上海浦东国际机场站，主要解决连接浦东机场和市区的大运量高速交通需求。线路正线全长约30千米，双线上下折返运行，单线运行时间约8分钟，设计最高运行速度为每小时431千米，是世界上速度最快的商业运营列车线路。目前，磁浮的运营时间为每日早上6点45分至晚9点30分，发车间隔为15分钟，普通的单程车票为50元人民币（约合8.05美元）。

2. 工程评价

有相当数量的人认为，整个工程花费超过100亿元人民币，加上每年高额的维修费用和长时间的低载客量，此外由于站点设置的原因，对于从机场出来前往上海市区的旅客，乘坐磁悬浮列车并不能带来便利，与东京成田国际机场的成田特快和京成电铁、香港国际机场的机场快线通向市区的能力相比，缺少真正的实用性，建造磁浮列车线是一种不切实际的“形象工程”“面子工程”。

但是，上海磁悬浮列车示范运营线的实践，使中国对磁悬浮系统构成、技术层次、国产化有了较全面的认识，掌握了四项核心技术中的线路轨道技术，实现了设备国产化的突破；同时，积累了研发、设计、建设、运营等方面的宝贵经验，有利于发展磁悬浮交通，更好地满足全方位、多层次的运输需求；在中国率先建立先进的磁悬浮产业体系，形成高新技术产业群体，带动装备制造、冶金、机电、信息、车辆、建筑等相关产业发展。

（五）中国第一条客运专线铁路——秦沈铁路（2003年）

1. 工程简介

秦沈客运专线是一条连接秦皇岛与沈阳两座城市的客运铁路，自河北省秦皇岛市起，经辽宁省绥中县、兴城市、葫芦岛市、锦州市、台安县、辽中县，至沈阳市沈阳北站，全线总长404千米。开通伊始的列车速度即达到160km/h以上，设计速度为200km/h，基础设施预留提速至250km/h（甚至更高）的条件。经此线路从北京直达沈阳，全程只需3小时59分。从2006年12月31日起，秦沈客运专线和京秦铁路、原哈大铁路哈尔滨至沈阳段合并为京哈铁路（新线），已是京哈铁路的一部分。

秦沈客运专线是全线双线电气化铁路，也是中国第一条快速客运专线，秦沈客运专线也成为中国高速铁路的技术和装备试验基地，为后来在中国各地修建的高速铁路累积了宝贵的经验。

2. 建设历史

秦沈客运专线于1999年8月16日全面开工建设，总投资约150亿

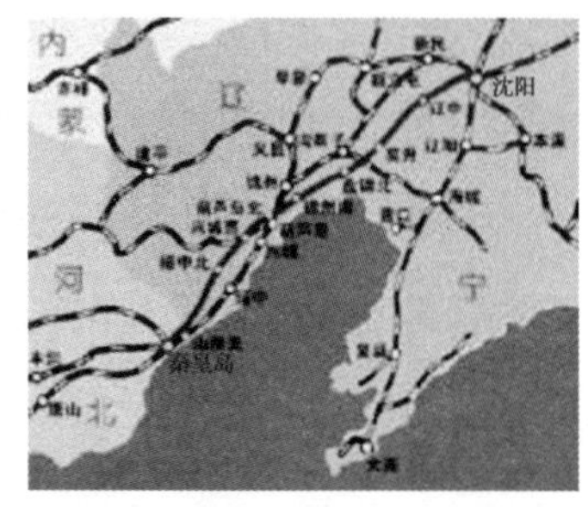

图3-32　路网中的秦沈客运专线

图3-33　秦沈客运专线车站上的动车

元人民币，2003年10月12日正式开通运营。秦沈客运专线是当时中国国内技术最先进的铁路，全线设计时速达到200千米或以上，并预留250km/h的提速条件。其中山海关站至锦州南站一段（166千米）限速200km/h，锦州南站至沈阳北站一段（225千米）限速160km/h，而山海关至绥中北之间的线路条件更有能力进行300km/h的试验。

另外，为了适应高速列车运行，秦沈客运专线采用了长站距的设计，全线只设有10个车站，平均约40千米设一个车站，而葫芦岛北站至绥中北站之间的距离长达60千米，这种大站间距的设计突破了常规铁路，甚至是国外高速铁路的站间距分布原则，是一个大胆的尝试。秦沈客运专线的侧向通过车站全部采用38号道岔，令侧线列车通过速度高达每小时140千米，限速较旧有的12号道岔（45km/h）、18号道岔（80km/h）有相当大的提高。中国自行研制的动车组“先锋号”及“中华之星”曾于2002年在该线进行高速测试，试验最高时速分别达292千米及321.5千米。2009年，商业平均运行速度约197km/h，并且可运行“和谐号”动车组。

3. 技术创新

（1）牵引供电工程新技术

图3-34　当年施工中的秦沈客运专线

接触网悬挂系统是电气化的秦沈客运专线实现200km/h及以上的速度目标值、保证电力机车良好取流和列车运行安全的关键，是高速电气化铁路的重点和难点。秦沈客运专线采用了中国自主开发的“弓网受流技术模拟软件”仿真计算，全面使用额定张力放线车，使接触网铺设基本实现一次到位，在高速列车运行下，弓网受流质量良好。

牵引变电所是电气化铁路的牵引供电系统中的关键设备。秦沈线采用了中国自行研制的牵引变电所安全监控及综合自动化系统，实现了牵引变电所的无人值守、远程控制和自检自诊断功能，提高了牵引供电的安全性、抗干扰性和可靠性。

图3-35　秦沈客运专线电气化工程

（2）通信及自动化工程新技术

秦沈铁路通信网由基础网、业务网和支撑网构成，是一个集有线及无线通信为一体的信息采集、传输与处理的综合通信系统，在技术上具备先进性、兼容性、高可靠性和可扩展性。并首次采用了数字集群技术及光纤射频直放技术用以解决区间公务通信，替代了传统通信设计中采用的干线电缆、区间通话柱及区间电话转接机的区间公务通信模式。

秦沈铁路客运自动化系统主要由列车到发通告系统、客运广播系统、旅客引导显示系统及客运电视监视系统组成，实现了秦沈客运专线信息管理现代化，并首次实现全程联网信息共享、全程集中图像监控、全程集中广播等功能，极大地改善了客运管理与服务水平和旅行环境。

4. 信号系统工程新技术

信号设备是保障行车安全、提高运行效率的关键。中国在秦沈铁路上首次采用车载速度显示信号作为行车凭证，取消了传统的区间地面通过信号机，是中国铁路信号发展史上的重要里程碑。

信号综合系统主要由列控连锁一体化系统、列车运行指挥系统和信号集中监测系统组成。设计中广泛采用数字信息技术、网络技术、现代通信技术、遥控和遥信等先进技术，形成以车站信号计算机局域网为基础、以专用通道构成的计算机专用广域网为骨架、以调度所和综合维修基地信号计算机局域网为龙头的信息和资源广泛共享的综合信号系统，达到远程集中控制、集中指挥、集中管理和维修的目的。

5. 重要意义

秦沈客运专线是中国铁路建设技术水平的标志性工程。新建秦沈客运专线，实现了秦沈线、沈山线客货分线运输。既可发挥秦沈客运专线强大的客运能力，沟通京沪高速铁路和哈大线的联系，构成中国东部地区铁路快、高速运网，又能完全释放沈山线长期紧张的货运能力，使得通过能力提高到188对，追踪时间缩短到7分钟，彻底实现进关客货运输畅通无阻。

秦沈客运专线设计标准新、科技含量高、质量要求严，它首次采用了具有中国自主知识产权的成套快速铁路建设技术与装备，填补了中国铁路建设史上的一系列空白。特别是高速试验区段，还担负着验证中国自行设计、自行施工、自行试验检测高速铁路接触网能力，为后来建设京沪高速铁路积累了宝贵经验。

修建秦沈客运专线，对于繁荣中国东北部地区经济，促进国民经济持续、快速、健康发展，加快铁路现代化建设进程，具有十分重要的意义。

（六）全球海拔最高和最长的高原铁路——青藏铁路（2005年）

1. 工程简介

被誉为“地球第三极”的青藏高原，以其海拔高、空气稀薄、含氧量少、紫外线强烈、常年积雪、气候复杂而著称于世。美国现代火车旅行家保罗·泰鲁在《游历中国》一书中写道：“有昆仑山脉在，铁路就永远到不了拉萨。”

经过四年的艰苦奋战，在攻克许多罕见的科技难题之后，青藏铁路于2005年全线贯通，2006年7月1日正式通车运营。它东起青海西宁市，南至西藏拉萨市，全长1956千米。由于跨越了世界上最高的高原，这条铁路也被人们称作“天路”。

青藏铁路格拉段东起青海格尔木，西至西藏拉萨，全长1142千米，途经纳赤台、五道梁、沱沱河、雁石坪，翻越唐古拉山，再经西藏自治区安多、那曲、当雄、羊八井到拉萨。其中海拔4000米以上的路段960千米，多年冻土地段550千米，翻越唐古拉山的铁路最高点海拔5072米，是全球海拔最高和最长的高原铁路。

青藏线大部分线路处于高海拔地区和“无人区”，要克服多年冻土、高原缺氧、生态脆弱、天气恶劣四大难题。截止到2006年3月25日，青藏铁路工程累计完成投资285亿元，其中用于环保工程投资达到12亿元，这在全世界单项工程用于环保的投资量中是相当罕见的。

2. 建设历史

青藏铁路的建设工程分为二期。一期工程东起高原古城西宁，穿过崇山峻岭，越草原戈壁，过盐湖沼泽，西至昆仑山下的戈壁新城格尔木。1958年开工建设，1984年5月全段建成通车。铁路沿线海拔大部分在3000米以上，是中国第一条高原铁路。一期工程建成后，国家用于西藏发展的重点物资绝大部分是通过这条铁路转运至西藏，被沿线各族人民誉为团结线、运输线、幸福线、生命线。 随着国民经济发展和西部大开发的不断加快，这条铁路的运输能力已远远不适应需求。经过原铁道部组织的精心论证，国家计委于1999年11月，对青藏

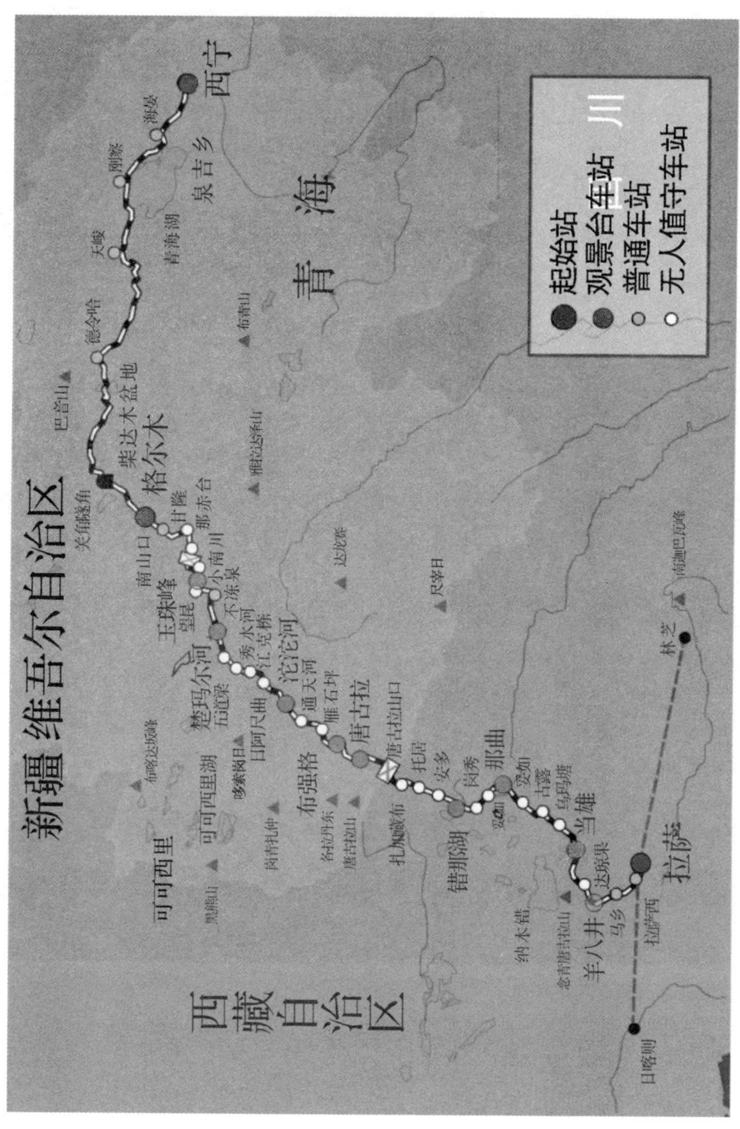

图3-36 青藏铁路线路图

铁路西格段扩能改造可行性研究报告作了批复，工程总投资为7.4亿元。青藏铁路西格段的扩能改造建成使用，为格拉段入藏铁路的修建提供了宝贵的经验和翔实的技术资料。

图3-37　青藏铁路

青藏铁路二期格拉段北起青海省西部柴达木盆地内的新兴工业城市格尔木，途经纳赤台、昆仑山、五道梁、沱沱河、雁石坪，翻越唐古拉山，再经西藏北部高原上的安多、那曲、当雄、羊八井，一路向南到达拉萨。它穿越550多千米的多年冻土地段，全线平均海拔在4500米以上，最高路轨横跨海拔高程达5072米的唐古拉山垭口。工程于2001年6月29日开工，总投资262.13亿元人民币；青藏铁路二期工程全线共完成路基土石方785万立方米，桥梁675座，涵洞2050座，隧道7座，于2006年7月1日全线通车。

与此同时，青藏铁路在冻土攻关、卫生保障、环境保护、质量保证等方面也卓有成效，屡创佳绩，是世界上海拔最高、在冻土上路程最长、沿线基本实现“无人化”管理的世界一流高原铁路。

3.创造奇迹

（1）世界海拔最高的火车站——唐古拉车站

唐古拉车站位于海拔5068米的唐古拉山垭口多年冻土区，占地面积约7.7万平方米，车站设计为三股道，主要适应列车会让的需要。根据这个车站所处的地理位置及地质特点，工程设计中采用了片石通风路基。这种设计可以使冻土温度保持相对稳定，以减少对冻土的扰动，达到有效保护冻土的目的。

唐古拉车站于2004年8月建成，成为千里青藏线上的一大景点。

图3-38　青藏铁路唐古拉车站

（2）世界最高的高原冻土隧道——风火山隧道

风火山地区气候环境极为恶劣，年平均气温零下7℃，最低气温达零下40℃左右，严寒、缺氧。风火山隧道位于海拔5010米的风火山上，全长1338米，轨面海拔标高4905米，全部位于永久性高原冻土层内，有“世界第一高隧”之称。隧道地质结构主要为含土冰层，饱冰冻土、原始冰川、裂隙冰、砂岩、泥岩及泥沙互层，弃渣含土量为15%至20%，是目前世界上海拔最高、横跨冻土区最长的高原永久冻土隧道。

为解决高原缺氧问题，隧道施工单位建起了目前世界上海拔最高的制氧站，在隧道施工中，对洞内进行弥漫式供氧，使洞内氧含量提高，从根本上解决了高原施工缺氧的难题。同时，给每个建设职工宿舍都配备了吸氧装备，并提供抗缺氧药物，保证每个职工都能吸上足够的氧气。由于采取了科学的措施，在青藏铁路建设全线，虽然这里施工条件最恶劣，职工高原病发病率却是全线最低。风火山隧道被列为青藏铁路全线重点工程之首，被誉为“天字第一号工程”。

图3-39　青藏铁路风火山隧道

（3）世界最长的高原冻土隧道——昆仑山隧道

全长1686米、海拔4648米的昆仑山隧道洞口六月飞雪，一年四季，高寒缺氧，氧气含量只有内地平原地区的一半，最低气温达到零下30℃以下。在冻土区进行隧道施工比在平原地区施工难度大得多，每到夏季，隧道内部温度上升，有时达7℃左右，在这样的温度下冻土容易融化，洞内时有冰碴儿掉下来，给施工带来很大困难。为了防止和减小冻土病害对隧道稳固性能的影响，在昆仑山隧道施工中采取了比平原地区多一倍的工序。在平原地区隧道施工只需在锚喷支护后，外加一层混凝土即可，但在冻土地区隧道施工，还需要设两道防水层和一道保温板，起到防水保温作用，最后再衬砌一道混凝土。这就相当于给隧道穿上了防水保暖衣，有效地解决了冻土隧道施工难题。

为了保障施工人员的身心健康，施工采用四小时轮班作业制度，每天向隧道内的工人提供足量氧气，并定期检查隧道内的空气质量。在昆仑山隧道口，一条黄色的通风管道犹如一条缎带横贯隧道。这条缎带将隧道外的新鲜空气源源不断输入隧道内，确保了隧道施工的氧气含量。还将急救中心设在隧道口，并在工地建立了一座高压氧舱，员工宿舍也配备了氧气瓶。同时，每季度对职工体检一次，如发现身体不适者，立即送到格尔木治疗。

图3-40　青藏铁路昆仑山隧道

（4）世界最长“代路”桥——清水河特大桥

清水河特大桥位于海拔4500多米的可可西里无人区，全长11.7千米，是青藏铁路线上最长的“以桥代路”特大桥，也是整个青藏铁路格拉段建设的重点控制工程。清水河特大铁路桥如同一道美丽的彩虹，飞架在平均海拔4600米以上的可可西里国家级自然保护区核心地带。可可西里高寒缺氧，植被稀少，生态脆弱。同时这里处于高原多年冻土地段，冻土厚度达20多米，且含冰量高，这给修建青藏铁路增加了不少难度。为了解决高原冻土区施工难题和保护好自然保护区，青藏铁路勘察设计的专家们采取了“以桥代路”的措施。

清水河地区季节性温差明显，夏季最高温度达38℃，冬季最低温度达零下40℃，在这样的气候条件下，冻土区就会出现热融湖塘、暗河、冻涨球等现象。除了在地表能看到的热融湖塘外，到了夏季，气温升高，冻土融化，还会在地下20米至30米之间形成暗河；而到了冬季，热融湖塘和暗河由于气温的急

图3-41　青藏铁路清水河特大桥

剧下降，会形成突出地表的冻涨球。如果处理不好冻土问题，修筑的铁路将会变成高低不平的搓板路，留下运营隐患。由于恶劣的气候条件，个别桥墩因天寒出现了龟纹，为了保证桥墩的质量，在当时施工过程中先后炸毁了三座这样的桥墩。

在巨龙般逶迤而去的大桥下，各桥墩间的1300多个桥孔可供藏羚羊等野生动物自由迁徙。在神秘而美丽的可可西里无人区，清水河铁路桥已经成了一道迷人的风景线。

（5）青藏铁路第一高桥——三岔河大桥

从昆仑山北缘的纳赤台上行15千米，一座雄伟的大桥拔地而起，像巨人的双臂托起飞驰而来的列车，这座大桥就是青藏铁路沿线最高的大桥——三岔河大桥。三岔河大桥地处海拔3800多米的高山峡谷中，这里冲积地层形成的峡谷，犹如利斧将一座高山从中劈开，三岔河大桥的两端就悬架在地势陡峻的山崖之上。大桥全长690.19米，桥面距谷底54.1米，是青藏铁路全线最高的铁路桥。它共有20座桥墩，其中17座是圆形薄壁空心墩，墩身顶部壁最薄处仅有30厘米。

图3-42　青藏铁路三岔河大桥

（6）青藏铁路标志——拉萨河特大桥

青藏铁路拉萨河特大桥位于拉萨市西南郊区，距离市中心10千米左右，是青藏铁路进入拉萨市的最后一座特大桥，它横跨拉萨河上空，与布达拉宫遥相呼应。拉萨河特大桥是全线唯一非标准设计的特大型桥梁，全长928.85米，大桥上的连续钢拱设计为哈达形状，主桥桥墩设计为牦牛腿式样，引桥桥墩设计为雪莲花式样，主跨108米，采用双层叠拱结构。

图3-43　青藏铁路拉萨河特大桥

在青藏铁路众多标志性工程建设中，拉萨河特大桥设计最为巧妙，特别是桥上的三跨连续钢拱，仿佛三条洁白的哈达飘飞在拉萨河上，迎接人们的到来。拉萨河特大桥于2003年5月9日开工建设，2005年5月13日竣工。如今，拉萨河特大桥已成为拉萨市一个重要的人文景观，许多当地的中小学生和进藏旅游人士都会参观这座美丽的大桥。

4. 重要意义

青藏铁路开通后，75%的进出藏物资由铁路承担，从而改变以往公路运输运距长、运费高、损耗大的缺点，同时也大大便利了游客进藏和西藏的资源开发，促进西藏地区与内地的经济文化交流，有利于边陲稳定和国防安全，是中国实施西部大开发战略的标志性工程。

（七）中国一次性投资额最高的铁路——京沪高速铁路（2011年）

1. 工程简介

京沪高速铁路是《中长期铁路网规划》中投资规模大、技术含量高的一项工程，也是中国第四条引进国际先进技术的高速铁路，工程总投资2209.4亿元人民币，2008年4月开工，2011年6月30日通车。京沪高速铁路正线全长约1318千米，纵贯北京、天津、上海三大直辖市和冀鲁皖苏四省，连接环渤海和长江三角洲两大经济区。全线为新建双线，与既有京沪铁路的走向大体并行，设计速度目标值380km/h，目前最高运营时速为310千米，共设置23个客运车站。CRH380 动车组列车从北京到上海最快只需4小时48分钟，一年单向输送乘客8000余万人次。

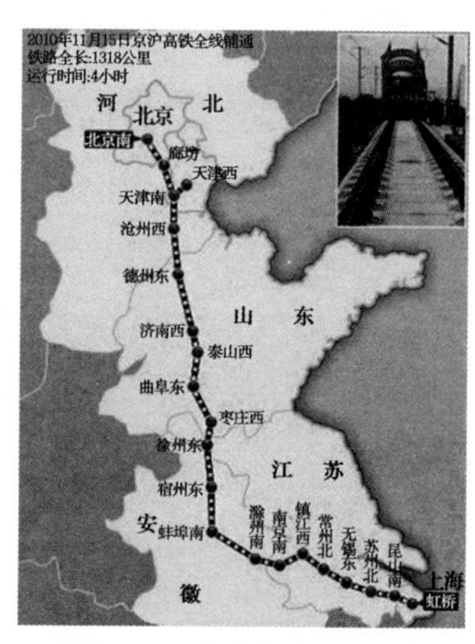

图3-44　京沪高速铁路规划

线路工程优先采用以桥代路方式，桥梁长度约1140千米，占正线长度86.5%；隧道长度约16千米，占正线长度1.2%；路基长度162千米，占正线长度12.3%；全线铺设无砟正线约1268千米，占线路长度的96.2%；有砟轨道正线约50千米，占线路长度的3.8%。全线实现道口的全立交和线路的全封闭。

京沪高速铁路全线铺设无缝线路和无砟轨道。铁路线路、牵引供电、通信信号等基础设施，采取多种减振降噪、低能耗、少电磁干扰的环保措施。全线实行防灾安全实时监控，运用具有世界先进水平的动力分散型电动车组，由集行车控制、调度指挥、信息管理和设备监测于一体的综合自动化系统统一指挥，以确保实现高速度、高密度、高舒适性、大能力、强兼容、高正点率、高安全性的现代化旅客运输。

图3-45　京沪高速铁路上的动车

2. 工程特点

（1）总体简述

京沪高速铁路所经区域面积占中国国土面积的6.5%，人口占全国的26.7%，人口100万以上城市11个，是中国社会经济发展活跃的地区之一，也是中国客货运输较繁忙、增长潜力较大的客运专线。沿线以平原为主，局部为低山丘陵区，经过海河、黄河、淮河、长江四大水系。北京—济南属华北平原，地形平坦开阔，地势为两端高、中间低，团泊洼一带为全线最低处；济南—徐州属鲁中南低山丘陵及丘间平原，地形起伏较大，泰安段为全线海拔最高的区段；曲阜—枣庄段主要为平原，徐州—上海线路主要通过黄淮、长江三角洲平原区，设计速度350km/h，当前运营速度250km/h—300km/h，

图3-46　京沪高速铁路线路

列车最小追踪间隔按3.5分钟设计。

（2）人性化设计

高速列车时速一旦超过200千米时，就会在周边产生巨大的噪音和冲击力。因此，为防止京沪高铁开通后对周边环境造成噪音污染，防止噪音和震动给居民生活造成影响，京沪高铁线路80%以上采用高架路。同时，很多沿线城市设立的新站点也都距离市区原站点10千米以上，甚至更远。而在建设过程中，铁轨都采用一次性铺设无缝线路，消除过去的“咯噔”声，此外，还在沿线采用加装消声器、铺设减振垫、设置全新声屏障等措施，降低噪音对附近居民的影响。在经过市区的路段，用特别坚固的声屏障严密组成类似于隧道一般的隔音罩，对铁路周边居民的通行和安全影响比普通铁路要小得多。

图3-47　京沪高速铁路声屏障

（3）市场化融资多渠道筹集

京沪高速铁路建设资金采取市场化融资方式，吸纳民间资本、法人资本及国外投资，其中第一大股东中国铁路建设投资公司占工程总股份的56.267%，构建多元投资主体，拓展多种投资渠道。

（4）列车特点

京沪高速铁路主要使用380A和380B两种列车，列车标称运营时速380千米，实行8/16节车厢编组，定员1004人。

图3-48　京沪高速列车车厢速度显示

全列车设一等座车厢3个，二等座车厢10个，动力车厢2个，9号车厢为餐车。其中列车3号车厢为全VIP车厢，车厢内分布24个航空式可平躺座椅，轻触按钮，座椅就能缓缓放平到180度，变成一张小卧床。座椅扶手内折叠收藏着液晶电视和活动小桌板，右侧还专门配设阅读灯，舒适度与安全感明显优于国内航班的头等舱。在5号车厢首次设立残疾人座椅一个，车厢内的洗手间等均有残疾人设施。如果乘车残疾人较多，该车厢内座椅还可拆卸，用于安放轮椅。列车首尾两个头车紧靠驾驶室的位置是观光区，内设两个VIP座椅和三个沙发座位。更神奇的是，观光区与列车驾驶室之间的隔断采用了电子雾化玻璃，动一下按钮，玻璃墙就能在全透明和半透明之间转换，旅客可以

图3-49　京沪高速列车上的工作人员

灵活操控，便于休息或欣赏沿途美景。

3. 工程意义

京沪高铁沿线有京、津、沪三个直辖市，穿越河北、山东、安徽、江苏省，经过十几个人口密集的城市，通道吸引区域人口占全国人口的比例超过四分之一。中国正处在工业化、城镇化加快发展的阶段，当前和未来一个时期，全社会客流量将大幅度增加，特别是大中城市之间的客流增长幅度更大。因此，京沪高速铁路的建设，使中国铁路客运能力得到极大扩充，使城市间的时空距离大大压缩，给人们出行带来极大的方便；同时，也为加快中国工业化和城镇化进程提供了重要支撑。

目前，京沪线既有铁路的利用率已处于超饱和状态，有26%的区段运力利用率达到100%，73%的区段运力利用率达到90%，因此，京沪高速铁路的建设，使与高铁并行的既有线货运能力得到释放，推动中国铁路主要通道实现客货分线运输，缓解货运压力。同时，还可以将铁路运输与公路、水路、航空运输结合起来，实现“无缝连接”，对地方经济社会发展、城乡规划的调整以及建立现代化交通枢纽起到积极作用。

第四章

中国水路交通建设三十年

中国有悠久的航海及造船的历史。考古证明，至少在7000年前，中国已能制造竹筏、木筏和独木舟。公元1405~1433年的28年间，郑和七次奉旨率船队远航西洋，航线从西太平洋穿越印度洋，直达西亚和非洲东岸，途经30多个国家和地区，加深了明王朝和南海（今东南亚）、东非的友好关系。

改革开放三十多年来，中国水路交通发展取得了举世瞩目的成就，中国水路货物运输量、货物周转量在综合运输体系中分别占12%和63%，承担了90%以上的外贸货物运输量，凸显了水路交通对中国国民经济、对外贸易和区域经济社会发展的重要支撑。中国在世界海运界的地位明显提升，现已成为世界港口大国、航运大国和集装箱运输大国。

一、改革开放三十年中国水路交通发展历程

中国水路交通发展大致可以分为三个阶段[①]：

① 国家发展和改革委员会综合运输研究所著. 中国交通运输发展改革之路. 北京：中国铁道出版社，2009.

（一）恢复性治理内河航道，重点建设沿海港口：1978年至80年代末

内河航道由于基础差、欠账多等原因的影响，航道等级低、质量差、自然航道缺少维护、碍航闸坝多的问题仍然突出。改革开放初期的首要任务就是恢复性治理内河航道，对制约当地经济发展的航道进行改造和扩建，对水资源开发中形成的碍航建筑物进行恢复通航的建设工作。其间，对长江、珠江、黑龙江、京杭运河等水系内河航道进行了整治和开发。

作为对外开放门户的港口，其建设在国民经济发展和对外开放的背景下，显得尤为重要，沿海主要港口的建设因此被列入国家重点建设项目，并从政策、资金等方面获得扶持。1983年交通部提出“谁建、谁用、谁受益”的原则，提出货主单位自建货主专用码头；1985年国务院制定和发布了《关于中外合资建设港口码头优惠待遇的暂行规定》，交通部召开了14个沿海开放港口的城市会议，制定了港口建设六方针：大中小港口和泊位并举，水路疏运并举，新建改造并举，中央地方并举，引进外资和先进技术并举，工程招标企业内外和国外并举；同年，国务院还决定对进出沿海主要港口的货物征收港口建设费，作为港口建设资金的一项主要来源；结合港口管理体制改革，对下放地方领导为主的港口实行以收抵支的“以港养港”政策；鼓励港口腹地各省市集资建港。在一系列政策的支持下，港口码头泊位迅猛增加，煤炭、石油、集装箱等的运输能力得到提高。同时，通过改造

和建设，内河主要港口从24个增加到72个，万吨级以上的港口泊位从无发展到23个，沿海主要港口从14个增加到27个，万吨级以上港口泊位则从133个增加到253个，通达主要港口的铁路专用线延长了近1倍，从387千米增加到740千米，增量的92%分布在沿海主要港口，港口集疏运系统有所改善。

（二）规划性治理内河航道，建设水运主通道：90年代初至1997年

在前一阶段完成恢复性治理内河航道的基础上，内河航道建设进入规划性治理阶段。建立“三主一支持”体系规划中的水运主通道，是指按中国“T”形水运条件及生产力布局特点形成的，东南沿海经济发达地区和海上南北大通道及三江两河航道组成的航运体系。在这个目标指引下，水路运输在90年代初以建设三江两河（长江、黑龙江、珠江、淮河、京杭运河）为主，加强内河航运发展优势地区的航道建设，并结合对其一级支流重点扩建；而后，自1993年开始，形成建设“两纵三横”内河主航道的长远发展规划，建设重点通航千吨级和部分500吨级船舶为主的骨架航道。这个阶段，内河航道总里程虽然一直徘徊在11万千米左右，但其中水深1米以上的航道达到6.67万千米，通航千吨级以上船舶航道8000余千米，通航500吨级以上船舶航道1.24万千米。主要内河港口拥有万吨级深水泊位成倍增长，达47个，通航条件明显改善。

沿海港口按专业系统进行配套建设，重点建设了集装箱、煤炭、客货滚装三大运输系统的码头设备，基本形成了以大连、秦皇岛、天津、青岛、上海、深圳等主枢纽港为骨干，以区域性重要港口为辅助，地方中小港口为补充的层次分明的沿海港口布局，初步形成了港口布局基本合理、门类基本齐全、配套设施比较完整、现代化程度较高的港口运输体系，其中大宗煤炭、粮食、集装箱码头接近世界先进水平。1997年年底，拥有深水泊位的沿海港口达到39个，泊位数449个。全国对外开放的沿海和内河港口达到50个，外贸船舶到港艘次及总吨位明显上升。

（三）加快高等级航道建设，港口向泊位大型化、专业化发展：1998年至今

水运建设重点是调整沿海港口公用码头和货主码头结构，加强公用码头特别是大型专业化深水码头、集装箱运输系统和进出港航道建设；调整内河航道网结构，加快高等级航道建设。2004年12月国务院批准《长江三角洲、珠江三角洲、渤海湾三区域沿海港口建设规划》，2006年9月批准《全国沿海港口布局规划》，2007年7月批准《全国内河航道与港口布局规划》。一系列专项规划形成了较为完整的水路交通长远发展规划体系。在规划的指导下，大型深水专业化码头泊位建设加快，港口布局更加合理，内河航道的等级航道比例有所增长。随着全球承担远洋运输任务的各类船舶向大型化演变，对港口泊位大型化、专业化要求也变得日益迫切。通过技术引进、战略投资、利用外资等多种途径，港口及航道建设无论在资金上、技术上还是管理上都获得了保障，取得了可喜的发展。

二、改革开放三十年中国水路交通建设成就

改革开放以来的三十年是中国水运事业发展最为强劲、变化最为明显、业绩最为辉煌、经验最为丰富的三十年。中国水路交通基础设施建设不断加快，运力和运量成倍增长，在对外开放和管理、理念、科技创新等方面都发生了巨大变化，取得了举世瞩目的成就[①]。

（一）港航基础设施建设成效显著

大陆港口和航道的快速发展，是改革开放三十多年中国水路交通发展的一个缩影。经过三十多年的发展，中国形成了布局合理、层次分明、功能齐全、河海兼顾、优势互补、配套设施完善、现代化程度较高的港口体系。港口大型化、深水化、专业化趋势明显，沿海基本建成功能明确、节约资源、安全环保、便捷高效、衔接协调的煤、矿、油、箱、粮五大运输系统，内河基本形成“两横一纵两网”的国家高等级航道网，水运供给能力显著提高。

环渤海、长江三角洲、东南沿海、珠江三角洲和西南沿海五大区域形成了规模庞大并相对集中的五大沿海港口群，在长江水系、珠江水系、京杭运河和淮河水系、黑龙江和松辽水系形成了沿江（河）港

①中华人民共和国交通运输部新闻办公室. 中国公路水路交通运输发展报告（1978-2012）,2013.

口带，以煤炭、矿石、油品、集装箱、粮食五大货种和客运为重点，构架了水路客货运输系统。中国沿海主要港口软硬件设施已经步入世界一流水平，港口装卸技术和服务效率方面处于世界前列。在长江、西江干线和长三角、珠三角水网地区建成了一批集装箱、大宗散货和汽车滚装等专业化泊位，三峡库区码头淹没复建工程全部完成，内河港口机械化和专业化水平不断提高。

截至2012年，沿海和内河港口生产性泊位达到3.2万个，其中万吨级以上深水泊位1886个，分别是1978年的43倍和14倍；5万吨级别以上泊位从无到有，达到819个，煤炭、原油、铁矿石、集装箱等专业化泊位达997个。长江口深水航道治理工程成功实施，长江干线航道治理取得重大进展，初步建成以两江一横一纵、两网十八线高等级航道为主体的通江达海的内河航道体系。

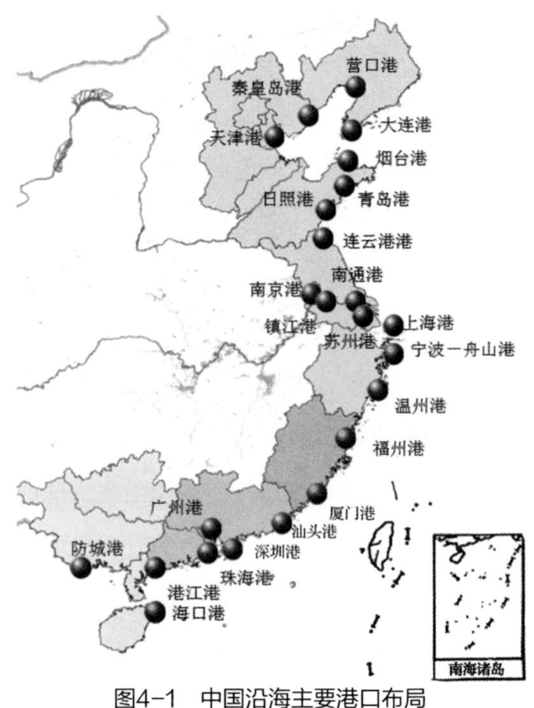

图4-1　中国沿海主要港口布局

到2012年年底，中国内河航道通航里程达到12.5万千米，其中51%为等级航道，位居世界第一，三级以上通航里程达9894千米。中国港口货物吞吐量和集装箱吞吐量连续十年居世界第一位。

表4-1 沿海主要规模以上港口码头泊位数(2012年年底)

名称	总计			生产用			非生产用	
	码头长度（米）	泊位个数（个）	万吨级	码头长度（米）	泊位个数（个）	万吨级	码头长度（米）	泊位个数（个）
大连	40749	231	93	36872	206	93	3877	25
营口	16898	82	49	16164	75	49	734	7
秦皇岛	16068	86	42	14750	66	42	1318	20
天津	33978	159	101	32630	148	101	1348	11
烟台	18150	95	56	17020	85	56	1130	10
青岛	21962	85	63	20944	79	63	1018	6
日照	13291	53	45	12985	52	45	306	1
上海	122859	1183	152	74459	612	152	48400	571
连云港	11533	58	41	11236	56	41	297	2
宁波—舟山	78413	665	137	75735	601	137	2678	64
汕头	9715	91	18	9444	86	18	271	5
广州	49051	540	66	45255	493	66	3796	47
湛江	17458	184	31	15757	153	31	1701	31
海口	5075	37	10	4884	36	10	191	1
八所	1924	11	8	1754	10	8	170	1
总计	721159	5715	1453	647541	4811	1453	73618	802

（二）水路运输能力得到长足发展

2012年中国港口完成货物吞吐量107.8亿吨，其中外贸吞吐量达30.6亿吨，分别是1978年的38倍和51倍，港口吞吐量连续多年保持世界第一。吞吐量达到亿吨的港口达29个，在全球排名前20名的亿吨大港中，中国占了13个。截至2012年，中国有8个港口进入世界港口吞吐量的前十位，7个港口进入世界港口集装箱吞吐量的前十位。集装箱吞吐量占全球港口集装箱总吞吐量的近1/4。在世界海运快速发展，全球部分港口能力紧张的状况下，中国港口始终提供高效、便捷、畅通的服务。长江干线与京杭运河成为世界最大运输规模的河流和运河。大型骨干航运企业规模化、专业化、集约化水平不断提高，运输船的标准化、大型化不断发展。2012年全国水上运输船舶大约17.9万艘，净载重吨2.28亿吨，平均水平是1978年的7.9倍，运力结构不断优化。全年水路完成货运量45.9亿吨，货运周转量81708亿吨，分别为1978年的9.7倍和21.5倍[①]。

表4-2　2012年世界集装箱吞吐量排名前十位的港口

排名	港口名	国家	集装箱吞吐量（万TEU）
1	上海港	中国	3253
2	新加坡港	新加坡	3166
3	香港港	中国	2311
4	深圳港	中国	2294
5	釜山港	韩国	1703
6	宁波—舟山港	中国	1683
7	广州港	中国	1452
8	青岛港	中国	1450
9	迪拜港	阿联酋	1327
10	天津港	中国	1230

①中华人民共和国国家统计局. 中国统计年鉴2013. 北京：中国统计出版社，2013.

表4-3　2012年世界货物吞吐量排名前十位的港口

排名	港口	国家	货物吞吐量（亿吨）
1	宁波—舟山	中国	7.44
2	上海	中国	7.36
3	新加坡	新加坡	5.38
4	天津	中国	4.76
5	鹿特丹	荷兰	4.42
6	广州	中国	4.34
7	苏州	中国	4.28
8	青岛	中国	4.02
9	大连	中国	3.74
10	唐山	中国	3.64

表4-4　沿海主要规模以上港口货物吞吐量（单位：万吨）

港口	1985	1990	1995	2000	2005	2010	2012
大连	4381	4952	6417	9084	17085	31399	37426
营口	98	237	1156	2268	7537	22579	30107
秦皇岛	4419	6945	8382	9743	16900	26297	27099
天津	1856	2063	5787	9566	24069	41325	47697
烟台	689	668	1361	1774	4506	15033	20298
青岛	2611	3034	5103	8636	18678	35012	40690
日照		925	1452	2674	8421	22597	28098
上海	11291	13959	16567	20440	44317	56320	63740
连云港	929	1137	1716	2708	6016	12739	17367
宁波—舟山	1040	2554	6853	11547	26881	63300	74401
汕头	201	279	716	1284	1736	3509	4563
广州	1772	4163	7299	11128	25036	41095	43517
湛江	1231	1557	1885	2038	4647	13638	17092
海口	170	288	468	808	2118	5700	7217
八所	388	431	275	378	486	893	1095
总计	31154	48321	80166	125603	292777	548358	665245

（三）水运管理体制改革不断加强

改革开放初期，国家就出台了鼓励民营企业和个人从事船舶运输的政策。按照市场经济的要求和运作规则，积极推进水运投资和经营主体多元化，建立公平准入和竞争秩序；全面放开国内水路运输价格和港口内贸货物装卸作业价格，打破地区和部门封锁；在国际船舶代理、理货等水运服务领域引入竞争机制；推进水运行业国企改革，建立现代企业制度，实行规范的法人治理。在认真履行入世承诺的同时，积极参与国际海事组织等多边活动。截至2016年，中国已与世界主要海运国家和地区签订了海运协定，连续10届当选为国际海事组织A类理事国。

在1984年港口管理体系改革的基础上，2001年中国政府启动新一轮港口管理体制改革，将由中央管理的港口和双重领导港口全部交由地方管理，港口行政管理和生产经营实现政企分开。深化内河航运管理体制改革，长江港航公安实行统一管理，黑龙江航运管理实行政企分开，整体下放，改革了船舶检验管理体制，将国家船检局与中国船级社分开，理顺中央与地方船检局关系。改革水上安全监管体制，成立交通运输部直属海事局，界定地方与中央有关水域的管理分工，实行一水一监、一港一监。

（四）为经济发展提供了重要支撑

中国拥有先进设备的深水集装箱码头，通航条件优良的内河航道，每天有2950万吨货物在世界各个港口装卸，有52万个集装箱通过远洋运往世界各地。三十年来，中国资源要素的国际比例优势充分体现，对外贸易迅猛发展，货物进口从1978年的206亿美元增长到2012年的38668亿美元，成为世界第二大贸易国。对外开放的广度、深度不断提高，国际地位不断增强，成为世界海运发展的主要推动力，为经济社会和对外贸易发展、沿海沿江产业带的形成和区域经济协调发展提供了重要支撑。

随着经济的快速发展，中国港口、航运功能逐步由传统产业向现代服务业转变，充分发挥港口、航运优势，大力发展临港产业、沿江产业和现代物流业，成为中国沿海、沿江城市经济增长的重要方式，依托港口建设的保税港区和临港工业区、物流园区成为当地经济新的增长点。

自中国沿海14个港口城市实行对外开放以来，港口和航运为外向型经济起飞和发展提供了重要保证。目前，中国与世界主要海运国家和地区签订了海运协议，国际运输航线和集装箱班轮航线多达数千条，往来100多个国家和1000多个港口，航运拓展了对外贸易的广度和深度。特别是中国加入世贸组织以后，对外贸易实现快速发展，海运已成为中国融入全球和加快外向型经济发展的重要支撑。海运承担了90%以上的外贸运输量，以及97%的进口铁矿石、93%的原油、87%的进口煤炭和93%的进口粮食的运输任务。沿海地区依托港口优势，建设了一批保税港区、港口物流园区、出口加工区、临港工业区，有效地承接了全球产业转移，成为中国社会发展最快、现代化程度最高的地区。上海、天津、大连、厦门等国际航运中心正在积极建设。中国政府积极推动航运国际和区域发展，与东盟签署了中国一东盟海运协定，密切加深同东南亚地区经贸往来，倡议成立APEC港口服务网络，加强港口和相关产业、服务业的经济合作、交流往来，推动投资和贸易的自由和便利化。

水路交通成为重点货物运输的保障。重点物资主要包括煤炭、原油等基本生产生活原料和鲜活农产品。保障重点物资运输对满足人民群众基本生活需要，维护社会经济稳定运行发挥着至关重要的作用。中国政府不断完善公路水路运输应急反应机制，加强各级政府部门与大中型运输企业的沟通协调，采取有效措施，有力保障特殊时期煤炭、原油、粮食等重点物资运输，先后开辟煤炭公水联运和煤炭公路运输，合理组织协调运输，提高港口煤油等原材料运输效率，推进进口能源、重要原材料运输船队的建设。2012年沿海规模以上港口外贸进口原油、铁矿石分别达到2.5亿吨和7.4亿吨，保障了石化、钢铁等重要基础工业的稳定发展，北方港口煤炭装船量5.9亿吨，承担了华东华南沿海地区65%左右的煤炭调入运输。内河干线和沿海水运在北煤南运、北粮南运、油矿中转等大宗货物运输中发挥了主要作用。

中国政府水路交通运输发展目标是，到2020年交通基础设施网络更加完善，运输装备水平进一步提高，运输管理和服务能力显著增强。水陆交通以“兴内河，优港口，强海运”为着力点，加快完善基础设施网络，推进运输装备优化升级，提高运输效率，实现交通运输由传统产业向现代服务业转型，促进交通运输安全、高效、绿色、协调发展。

中国海运船队运力规模已从改革初期的1600多万载重吨，居世界40多位，发展到2012年年底的近1.2亿载重吨，居世界第四位。中远集团船舶总运力跃居世界第二位。中远、中海集装箱船队运力双双进入世界十强。

改革开放三十多年来，中国水路交通的发展大致经历了恢复性治理内河航道、重点建设沿海港口，规划性治理内河航道、建设水运主通道，加快高等级航道建设，港口向泊位大型化、专业化发展三个阶段。截至2012年年末，中国内河航道通航里程达到12.5万千米，其中51%为等级航道，位居世界第一。吞吐量达到亿吨的港口达29个，8个港口进入世界港口吞吐量的前十位，7个港口进入世界港口集装箱吞吐量的前十位。中国港口货物吞吐量和集装箱吞吐量连续多年位居世界第一。

三、典型工程

（一）全球最大的集装箱港——上海港

上海港位于长江三角洲前沿，居中国18000千米大陆海岸线的中部、扼长江入海口，地处长江东西运输通道与海上南北运输通道的交汇点，是中国沿海的主要枢纽港，是中国对外开放、参与国际经济大循环的重要口岸。上海市外贸物资中99%经由上海港进出，每年完成的外贸吞吐量占全国沿海主要港口的20%左右。上海港分为多个港区，主要由位于黄浦江两岸、长江入海口南岸、杭州湾口上的宝山、张华浜、军工路、外高桥、共青、高阳、朱家门、民生、新华、复兴、开平、东昌等港区构成。目前，港区正逐步向南岸黄浦江畔扩展，以缓解由于泊位拥挤造成的外籍船舶转靠南通港的局面。自1843年上海开埠后很快成为中国最大港口，自2010年起成为世界最大的集装箱港口。2012年上海港集装箱吞吐量达到3252万标准箱。

洋山深水港区位于杭州湾口外的浙江省嵊泗崎岖列岛，由大、小洋山等数十个岛屿组成，是中国首个在微小岛上建设的港口。洋山港西北距上海市浦东新区芦潮港约32千米，南至宁波北仑港约90千米，向东经黄泽洋水道直通外海，距国际航线仅45海里，是距上海最近的深水良港。到2020年，洋山港计划布置集装箱深水泊位50多个，设计年吞吐能力1500万标准箱（TEU）以上；通过东海大桥与上海交通运输网络连接，充分发挥上海港经济腹地广阔、箱源充足的优势。洋山深水港必经通道是东海大桥。东海大桥是中国第一座外海跨海大桥，全长32.5千米，是上海国际航运中心深水港工程的一个组成部分，它跨越杭州湾北部海域，连接上海南汇区芦潮港镇与浙江嵊泗的小洋山岛。包括2座大跨度的海上斜接桥、4座预应力连续梁桥，大量的非通航孔桥以及连接两个岛屿之间的一条海堤。大桥全线按高速公路标准设计，设计基准期为100年。

图4-2　洋山深水港

洋山保税港区也将同步发展成为口岸航线物流设施体系完备，集装箱增值服务和航运服务产业发达，国际中转、采购配送和转口贸易功能突出，辐射服务和经济贡献能量强大，体现上海国际航运中心发展和国际竞争力水平的核心区域。

（二）世界第一大港——宁波—舟山港

宁波—舟山港位于浙江省东北海岸，是在2006年1月1日由原宁波港和舟山港正式合并而成的港区，涉及宁波市和舟山市，主要分布在宁波镇海、北仑海岸，以及舟山岛南海岸。港口条件非常优越，星罗棋布的舟山群岛诸岛屿，是港口的天然屏障，大型国际远洋船舶经虾峙门深水航道进出。2010年，宁波—舟山港货物吞吐量6.3亿吨，跃居世界第一，而集装箱吞吐量达到1314.4万标准箱。

宁波港地处中国大陆海岸线中部，南北航线和长江航线“T”形结构的交汇点上，地理位置适中，是中国大陆著名的深水良港。港区自然条件得天独厚，内外辐射便捷。向外直接面向东亚及整个环太平洋地区，海上至香港、高雄、釜山、大阪、神户均在 1000 海里 之内；向内不仅可连接沿海各港口，而且通过江海联运，沟通长江、京杭大运河，直接覆盖整个华东地区及经济发达的长江流域，是中国沿海向北美洲、大洋洲和南美洲等港口远洋运输辐射的理想集散地。宁波港水深流顺风浪小。进港航道水深在 18.2 米 以上，25 万吨至30 万吨船舶可候潮进出港。可开发的深水岸线达 120千米以上，具有广阔的开发建设前景。北仑港区北面有舟山群岛为天然屏障，在北仑港区建码头无须修建防浪堤，投资省、效益高，且深水岸线后方陆域宽阔，对发展港口堆存、仓储和滨海工业极为有利。

宁波港由北仑港区、镇海港区、宁波港区、大榭港区、穿山港区组成，是一个集内河港、河口港和海港于一体的多功能、综合性的现代化深水大港。现有生产性泊位 191 座，其中万吨级以上深水泊位 39 座。最大的有 25 万吨级原油码头， 20 万吨级（可兼靠 30 万吨船）的卸矿码头，第六代国际集装箱专用泊位以及 5 万吨级液体化工专用泊位；已与世界上 90 多个国家和地区的 560 多个港口通航。宁波港主要经营进口铁矿砂、内外贸集装箱、原油成品油、液体化工产品、煤炭以及其他散杂货装卸、储存、中转业务。

宁波港还设有江海联运水水中转业务，可连接沿海各港口，通过江海联运，货物可直达武汉、重庆，并沟通长江、京杭大运河，直接覆盖整个华东及经济发达的长江流域。

宁波、镇海、北仑三个港区均有专用铁路通入，并纳入了国家铁路网。北仑港区铁路是萧甬线的延伸，由北仑站接到码头前沿。北仑港区铁路集装箱站已正式开办海铁集装箱联运业务。内陆省市通过铁路到宁波港进行转口贸易十分便捷。

宁波港的经济腹地内自然条件优越，工农业生产发达，是全国最富庶的地区之一。腹地内工业门类齐全，商品经济繁荣，尤其是长江三角洲地区，城市群体密布，交通运输便捷，是全国经济发达地区之一。传统的丝绸纺织、五金、食品和工艺品是全国主要的外贸出口商品。另外还有钢铁、石化、水泥、木材、化工、机械以及电子、家用电器等，种类繁多，发展很快。近几年来蓬勃发展的农村乡镇工业，其产品已成为本地区工业生产的重要组成部分。农业以粮食、棉花、油料生产为主，每年有数百万吨大米外贸出口。经济腹地通过宁波港进出的主要货种有金属矿石、煤炭、石油、非金属矿石、水泥、木材、矿建材料、糖等，其中金属矿石、煤炭、石油占吞吐量的 88%。

舟山港历史悠久，唐宋时曾为中国南北航运和国际航运的避风港和中转港。舟山港位于浙江省舟山群岛舟山市，地处中国南北航线与长江航线的“ T ”形交界点，水运交通十分便利；背靠经济发达的长江三角洲，是浙江和长江流域诸省的海上门户。港口具有丰富的深水岸线资源和优越的建港自然条件，可建码头岸线有 1538 千米 ，其中水深大于 10 米 的深水岸线 183.2 千米；水深大于 20 米的深水岸线为 82.8千米。全港有定海、沈家门、老塘山、高亭、衢山、泗礁、绿

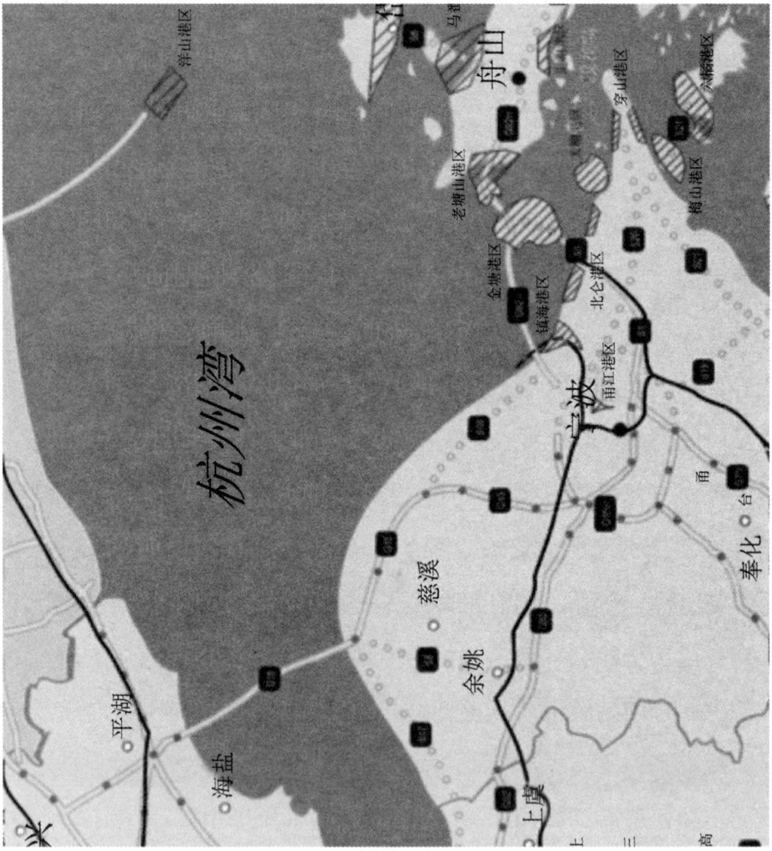

图4-3 宁波—舟山港港区及铁路、高速公路分布

华山、洋山8个港区，共有生产性泊位 352 个，其中，万吨级以上 11 个。

舟山港是一个以水水中转为主要功能的深水良港。客运方面与上海、宁波、福州、南通等港口均有定期班轮。货运航线通达中国沿海和长江中下游各港，国际上与日本、韩国、新加坡、马来西亚、美国、俄罗斯及中东地区均有贸易运输往来。 海上交通运输十分便捷。现已开通海上客运航线 59 条，每天有客轮往返上海、宁波等港口。货运航线四通八达，南到广东、海南岛，北达大连、丹东，西抵长江中下游诸城市。远洋运输可直达中国香港、澳门以及韩国、日本和新加坡等港口。

随着浙江经济快速发展，对外开放进一步扩大，外贸物资运输量也大幅增长，经过多年的发展建设，作为浙江省港航强省建设的主阵地，宁波、舟山两港已成为浙江省港口的两大支柱，承担起了

图4-4　宁波港北仑港区集装箱码头

图4-5 载箱量1.6万标箱集装箱轮“达飞马可波罗”靠泊宁波港

浙江绝大部分的海运进出口任务，也是上海国际航运中心南翼的重要组成部分。

（三）中国最大的特区港口——深圳港

深圳港位于广东省珠江三角洲南部，珠江入海口伶仃洋东岸，毗邻香港。全市260千米的海岸线被九龙半岛分割为东西两大部分。深圳港由东部港区和西部港区组成。东西港区均与香港九龙半岛隔海相望。

东部港区位于大鹏湾内，以盐田港为主要组成部分，海面开阔，风平浪静，是华南地区优良的天然港湾。盐田港由和记黄埔及盐田港集团合资兴建，1994年开始经营，水深14米—16米，为集装箱码头。东部港区水路至香港53海里、澳门75海里、黄埔121海里，距西部港区77海里，陆路至深圳市中心22千米。

西部港区位于伶仃洋东岸，沿深圳西部海岸线由东南至西部分布着东角头、蛇口、赤湾港、妈湾港、福永等港口，水深港阔，天然屏障良好，水深最深约16米，有蛇口客运码头及集装箱码头、散货码头、油气码头等。蛇口客运码头始建于1981年，隶属香港招商局辖下招商局蛇口工业区有限公司，为深圳市水上客运枢纽，有地铁2号线经过，设蛇口港站，并有多条公交线连接。港口开通到香港、珠海、澳门等多条航线。西部港区水路距珠江口约32海里 、距香港和澳门20海里 、距黄浦40海里，陆路到深圳市中心30千米。

深圳是中国南方对内对外的交通枢纽。铁路有京九线、广深线接京广线与全国铁路连通；中国第一条广深准高速铁路于1994年建成。公路有广深、深汕高速公路通往广州、惠州、汕头；深圳南有文锦渡、罗湖、沙头角和皇岗路口岸直通香港；盐田至惠州的一级汽车专用公路于 1993 年建成。深圳国际机场距西部港区仅22千米，海空联运极为便利。

2012年，深圳港货物吞吐量2.28亿吨，同比增长2.16%；集装箱吞吐量累计2294.13万标准箱，同比增长1.64%；盐田国际、蛇口港区、赤湾港区、大铲港区分别完成1066.67万、627.22万、531.14万、57.35万标准箱，同比分别增长3.92%、10.05%和下降8.30%、19.24%。蛇口港区则创造了全港最高增幅，其中蛇口集装箱码头达到

图4-6　深圳盐田港　李伟摄

451.6万标准箱，同比增长11%。盐田国际2011年吞吐量也再创历史新高，年吞吐量第四次突破了千万标箱。自开港以来，盐田国际已累计操作了1亿个标准箱。

（四）迷人的东方之珠——香港港

香港港——中国天然良港，远东的航运中心，在珠江口外东侧，香港岛和九龙半岛之间。香港地处中国与邻近亚洲国家的要冲，既在珠三角入口，又位于经济增长骄人的亚洲太平洋周边的中心，可谓占尽地利。香港港是全球最繁忙和最高效率的国际集装箱港口之一，也是全球供应链上的主要枢纽港。目前有80多条国际班轮每周提供约500班集装箱班轮服务，连接香港港至世界各地500多个目的地。

香港港有15个港区：香港仔、青山（屯门）、长洲、吉澳、流浮山、西贡、沙头角、深井、银矿湾、赤柱（东）、赤柱(西)、大澳、大埔、塔门和维多利亚。其中维多利亚港区最大，条件最好，其平均超过10米深的港内航道，使大型远洋货轮可随时进入码头和装卸区，为世界各地船舶提供了方便而又安全的停泊地。与此相匹配的是，香港还拥有优良的港口设施和高效的作业流程，港口管理先进。香港的货物装卸作业素以高效著称，货柜船在港内的周转时间平均约为10小时。其港口设备可同时容纳上百艘船舶靠泊和进行装卸作业。香港不仅拥有集装箱码头，而且还拥有石油、煤炭、水泥等专用码头。其港口费率在世界上属于最低的。香港港是自由港，有海上航线20多条，通往世界120多个国家和地区近1000个港口。每年进出港旅客达1000

万人次。香港港无论是从港口设施的船舱吨位、货物处理量还是客运量而言，都跻身世界大港之列。

图4-7　香港葵涌集装箱码头

（五）世界集装箱作业效率最高的港口——青岛港

青岛港最大潮差 4.50 米，最小潮差 0.25 米，港阔水深，不淤不冻，自然条件十分优越，是著名的天然良港。

青岛港始建于1892年，是世界第八大港、中国第三大外贸口岸，主要从事集装箱、原油、铁矿石、煤炭、粮食等各类进出口货物的装卸、储存、中转、分拨等物流服务和国际客运服务，与世界上180多个国家和地区的700多个港口有贸易往来。2013年完成货物吞吐量4.5亿吨，完成集装箱吞吐量1552万标准箱。进口原油吞吐量居中国港口第一位，集装箱装卸效率、铁矿石卸船效率保持世界第一。

青岛港由青岛老港区、黄岛油港区、前湾港区和董家口港区四大港区组成。其中，董家口港区规划面积150平方千米，已建成泊位20

个，能力达到2.2亿吨，2013年吞吐量突破7000万吨。青岛老港区主要从事杂货物的装卸服务和国际客运服务，拥有沿黄河流域最大的散装粮食接卸基地。当前正在转型升级，加快建设世界级的邮轮母港，已建成可停靠世界最大22.5万吨级油轮的专用码头。前湾港区主要从事集装箱和矿石、煤炭等大宗干散货物的装卸服务，拥有可停靠1.8万标准箱船舶的世界最大集装箱码头和20万吨级矿石码头、10万吨级的煤炭码头等专业化大码头，2013年9月18日成功靠泊世界最大的3E级18000标准箱大船。目前，青岛港拥有153条集装箱航线，其中国际航线124条，每月来往世界各地航班700多班，全球前20强船公司都已在此开辟航线。黄岛油港区主要从事石油、化工品、石油液化气装卸、中转、储存作业，拥有30万吨级原油码头，最大可停靠40万吨油轮，是中国大陆沿海最大的油品运输、中转、储存基地。

图4-8　鸟瞰青岛港

（六）东北亚国际航运中心——大连港

大连港位居西北太平洋的中枢，是正在兴起的东北亚经济圈的中心，是该区域进入太平洋，面向世界的海上门户。大连港港阔水深，不淤不冻，自然条件非常优越，是转运远东、南亚、北美、欧洲货物最便捷的港口。港口自由水域 346 平方千米，陆地面积10余平方千米；现有港内铁路专用线150 余千米、仓库30 余万平方米、货物堆场180 万平方米、各类装卸机械千余台；拥有集装箱、原油、成品油、粮食、煤炭、散矿、化工产品、客货滚装等80来个现代化专业泊位，其中万吨级以上泊位40多个。

大连港交通十分方便，哈大铁路正线与东北地区发达的铁路网连接。公路有全国最长的沈大高速公路与东北地区的国家公路网络相连接。经东北铁路网和公路网，大连港还连接着俄罗斯和朝鲜，可通过西伯利亚大铁路，成为欧亚大陆桥的起点。

图4-9　大连港

大连港与美国的奥克兰港、休斯敦港，加拿大的温哥华港，日本的北九州港、横滨港、伏木富山等港结为友好港。

（七）北方国际航运中心——天津港

天津港地处渤海湾西端，位于海河下游及其入海口处，是环渤海中与华北、西北等内陆地区距离最短的港口，是首都北京的海上门户。

天津港是中国华北、西北和京津地区的重要水路交通枢纽，对外交通十分发达，已形成了颇具规模的立体交通集疏运体系。京哈、京沪、京津三条铁路干线在此交会，并外接京广、京九、京包、京承、京通、京坨、石德、石太、陇海、包兰、兰新等干线与全国铁路联网。北达北京、内蒙古和东北，南抵华东、华南各地，西连西部和西北部内陆地区，进而连通蒙古、俄罗斯及欧洲各国。公路成网，四通八达，京津塘高速公路、丹拉高速公路、京津塘公路（103 国道）、津晋高速、海防公路等形成辐射状公路网络，连接了北京、天津及华

图4-10　天津港全貌

北、西北地区各省市。

天津港是中国大陆最早开展国际集装箱运输业务的港口。1973年9月，天津港成功开辟了中国第一条国际集装箱航线。1980年，天津港建成中国第一个集装箱码头。天津港拥有各类泊位140余个，其中公共泊位76个。万吨级以上泊位55个，其中20万吨级泊位1个，10万吨级泊位2个，7万吨级和5万吨级泊位11个。公共泊位岸线总长14.5千米。2012年完成货物吞吐量4.76亿吨，集装箱吞吐量1230万标准箱，同比分别增长5.3%和6.2%，两项主要指标均创历史最好水平。

（八）华南地区综合性主枢纽港——广州港

广州港地处中国外向型经济最活跃的珠江三角洲地区中心，濒临南海，毗邻香港、澳门，位于珠江水系的东、西、北三江交汇点，铁路、公路、航空、水路运输发达，既是华南地区最大的国际贸易港，又是珠江三角洲水网运输中心和水陆运输枢纽。港区分布在广州、东莞、中山、珠海等城市的珠江沿岸或水域，从珠江口进港，依次为虎门港区、新沙港区、黄埔港区和广州内港港区。

广州港国际海运通达80多个国家和地区的300多个港口，并与国内100多个港口通航，是中国华南地区最大的对外贸易口岸，是中国与东南亚、中印半岛、中东、非洲、澳洲和欧洲各国运距最近的大型口岸。

广州港主要从事石油、煤炭、粮食、化肥、钢材、矿石、集装箱等货物装卸（包括码头、锚地过驳）和仓储、货物保税业务以及国内外货物代理和船舶代理；代办中转、代理客运；国内外船舶进出港引航、水路货物和旅客运输、物流服务。兼营业务有：对外贸易和转口贸易；自营和代理除国家组织统一联合经营的出口商品和国家实行核定公司经营进出口商品以外的其他商品和技术的进出口业务；船舶加水、船舶供应；港口劳务服务、通信服务；港口机械制造、加工、修理；船舶、汽车修理等业务。

港口交通便利，铁路有京广、广九、广湛线与全国主干铁路相连，形成铁路运输网；公路与汕头、湛江、深圳等省内重要市县均有干线连通，公路网络沟通福建、江西、湖南、广西等省区。广州白云国际机场已开辟国内、国际航线30余条，来往于全国主要大中城市及香港、曼谷、马尼拉、新加坡、悉尼、墨尔本、吉隆坡等地的航班，可完成客货航空运输。

广州港北距汕头276海里，南距香港70海里，西距湛江273海里。经虎门出海可达沿海各港及世界100多个国家（地区）的600多个港口。至海口、厦门、上海、青岛、大连等港有定期客货班轮，内河可至珠江水系的东江、西江、北江各港。

广州港经济腹地辽阔，以广东为主，并以广州市为主要依托，包括广东、广西、湖南、湖北、云南、贵州、四川以及河南、江西、福建的部分地区。广州港是珠江三角洲以及中南、西南等地区物资的主要集散地，便利的海、陆、空交通，使其成为上述地区客、货运输的集散中心，担负着国内和外贸物资的转口任务。

珠江水系腹地内矿产资源丰富，主要有煤、磷、硫、铁矿、重晶石、锰矿和铝土矿，沿江地区工农业比较发达，许多重要城市多分布于沿江两岸。进出口的大宗货物有：煤炭、石油、金属矿石、钢铁、矿建材料、水泥、木材、非金属矿石、化肥、农药、盐、粮食等。通过该港的国内外货物货种、流量、流向具有复杂多变的特点。

图4-11　广州港南沙港区

在腹地经济持续快速发展的推动下，广州港货物吞吐量持续增长。1999 年全港货物吞吐量突破 1 亿吨大关，成为中国大陆第二个跨入世界亿吨大港的港口。之后，港口发展一年一大步，2012 年全港集装箱吞吐量为 1220 万标准箱。广州港作为华南地区主枢纽港的地位得到进一步巩固和提升。

（九）中国大陆最大的航运企业——中国远洋运输（集团）总公司

中国远洋运输（集团）总公司（以下简称“中远”或“中远集团”）成立于1961年4月27日。经过50多年的发展，中远集团已经成为以航运、物流码头、修造船为主业的跨国企业集团，多次入选《财富》世界500强。

1978年4月，中远“柳林海”轮作为第一艘航行美国港口的中国船舶，拉开了中美贸易的序幕，也谱写出中远“走出去”的新篇章。进入新世纪后，中远集团开始全球化布局，通过开展海外区域改革，扩大海外经营网络，初步形成了遍布全球的业务网络格局和全球配置各类资源的经营模式。中远集团已形成以北京为中心，以中国香港、美洲、欧洲、新加坡、日本、澳洲、韩国、西亚、非洲九大区域公司为辐射点的全球架构，在50多个国家和地区拥有千余家企业和分支机构，员工总数约13万人，其中驻外人员400多人，外籍员工4000多人，资产总额超过3000亿元人民币，海外资产和收入已超过总量的半数以上，正在形成完整的航运、物流、码头、船舶修造的全球业务链。

中远拥有和经营700余艘现代化商船，5100多万载重吨，年货运量超4亿吨，远洋航线覆盖全球160多个国家和地区的1500多个港口，船队规模中国第一、世界第二。其中，集装箱船队、干散货船队、专业杂货、多用途和特种运输船队规模实力均居世界前列，油轮船队也是当今世界超级油轮船队之一。

中远集团在全球范围内投资经营码头32个，总泊位达157个，中远集团所属中远太平洋的集装箱码头吞吐量持续保持全球第五。中远太平洋旗下的佛罗伦公司拥有和代管的集装箱规模达177万标准箱，集装箱租赁业务占全球市场份额约12.5%，位居世界第二。

中远集团控制各种物流车辆超过4000台，堆场77万平方米，拥有和控制仓库105万平方米。中远物流在内地29个省、市、自治区，香港及境外建立了400多个业务分支机构，物流服务创造多项业界纪录，连续七次蝉联“中国物流百强企业”评比榜首。

中远集团拥有世界先进水平的造船企业、国内领军的海洋工程装备制造企业和最大的修船企业，在国内多家修造船基地拥有含30万吨级、50万吨级在内的各类型船坞16座，年修理改造大型船舶500余艘，年造船能力840万吨。在海工装备建造领域，中远成功设计、建造了多个世界尖端水平的首制海工产品，其中世界首座圆筒形超深水海洋钻井平台“希望1号”获得2011年度国家科技进步一等奖。目前，公司手持海工订单量占中国总订单量三分之一。

图4-12　中远最先进的超过10000标准箱集装箱船

中远集团始终在参与国际竞争中不断发展壮大，是中央企业实施“走出去”战略最早的企业之一，也是国际化经营程度最高的中国企业之一。2009年10月，中远集团顺利接管希腊比雷埃夫斯港集装箱码头并独立运营，这一事件成为中国企业成功“走出去”的典型案例。

（十）世界航运巨擘——中国海运（集团）总公司

中国海运（集团）总公司（以下简称“中国海运”）成立于1997年7月1日，总部设在上海，是中央直接领导和管理的以航运为主业的国有特大型综合性企业集团，设有香港、北美、欧洲、东南亚、西亚5个控股公司；境外产业下属90多家公司、代理、代表处，营销网点总计超过300个。

15年前，中国海运运力为750万载重吨，平均单船载重吨位1.8万吨，其中集装箱箱量连1万标准箱都不到；15年后形成了现代化、大型化船队体系：运力已达2900多万载重吨，平均单船吨位达到5.8万吨，其中集装箱箱量猛增到61万标准箱，箱运量已突破1000万标准箱，居世界班轮公司前10强；油轮运力超过800万载重吨，散货运力超过1100万载重吨，均位列世界前列，在国家能源和进出口贸易中发挥了重要的运输支持和保障作用。

中国海运主营业务设有集装箱、油运、货运、客运、汽车船运输、特种运输等专业化船队，相关业务有码头经营、综合物流、船舶代理、环球空运、船舶修造、船员管理、集装箱制造、供应贸易、金融投资、信息技术等产业体系。拥有各类船舶470余艘，2400多万载重吨，集装箱载箱位50万标准箱；集团年货物运输完成量近4亿吨、1000万标准箱，在国家能源和进出口贸易中发挥了重要作用。

中海集装箱运输股份有限公司（以下简称“中海集运”）是中国海运所属主要从事集装箱运输及相关业务的多元化经营企业。经营范围涉及集装箱运输、船舶租赁、揽货订舱、运输报关、仓储、集装箱堆场、集装箱制造、修理、销售、买卖等领域。旗下拥有中海码头、浦海航运、五洲航运、洋山储运、大连万捷等数十家公司，整合了包括船队、码头、集卡、仓储、铁路、空运等多种资源，通过大型化的集装箱船队和全球化的集装箱航线网络，形成了海铁联运、海空联运、水水联运、水陆联运等多种运输形式，成功打造了完整的综合航运物流产业链，致力为全球客户提供高效、便捷、安全的门到门服务。2004年6月和2007年12月，中海集运分别在香港联合交易所和上海证券交易所成功上市。

截至2011年8月底，中海集运拥有150多艘船舶，整体运载能力超过57万标准箱，位居世界前十大班轮公司之列。经营70多条国际国内航线，船舶挂靠60多个国家（地区）160个港口。近年来，成功打造的一系列精品航线使中海集运更具市场竞争力。此外，中海集运已拥有300多个全球代理网点，全面实现了“营销网络化、服务一体化”，在国内外集装箱班轮运输行业具有举足轻重地位。

中海发展股份有限公司油轮公司（以下简称“中海油运”）是

图4-13　中海集运第一艘14100标准箱集装箱船——中海之星

中国海运的控股上市公司——中海发展股份有限公司的分支机构，是中国海运麾下五大主营船队之一。中海油运成立于1998年2月10日，总部设在上海，广州设有分公司。主要从事国内外原油和成品油水上运输，是中国最大的水上石油运输企业之一。近年来，中海油运积极适应市场格局变化，按照建设“国家级文明单位、世界级油轮船队”的发展目标，努力打造全球一流承运人的品牌，积极落实企业发展规划，按照国际化、大型化、专业化方向，加快船队结构调整步伐，实现了业务重心由沿海向远洋、主力船型由中小型向大中型的转变，船队规模和企业核心竞争力得到进一步提升。

中海发展股份有限公司货轮公司（以下简称“中海货运”）是

图4-14　中国最大的原油船“新埔洋”号“人民日报”记者李刚摄

中国海运的控股上市公司——中海发展股份有限公司的分支机构，1998年5月28日在广州成立。目前经营和管理门类齐全的散、杂、自卸货轮110余艘、600余万载重吨，是中国沿海最大的干散货运输船队，经营航线遍及国内沿海、长江中下游和世界各主要港口，长期承担着沿海重点物资特别是电煤运输任务，年货运量超过1亿吨，为保障国民经济和社会发展做出了重要贡献。

中海货运当前正按照中国海运确立的“再造一个新货运”的发展战略，大力推进船队结构调整，船队将朝大型化、规模化、远程化方向发展。

第五章

中国航空交通建设三十年

航空交通是一种较铁路、水运、公路交通年轻的现代化运输方式。由于航空交通快捷、舒适、安全、灵活，航线的开辟不受沿线地面各种天然或人为障碍的限制，航空交通已经成为各国交往、国际旅游和商政往来的主要运输方式。改革开放三十多年来，中国民航经过三个阶段系统性的体制改革，从一个军事化的行业发展成为一个现代化、对国民经济和社会发展起重要作用的全球第二大航空运输系统。

一、改革开放三十年中国航空交通发展历程

第一阶段（1978—1987年）：军转民，推进行业迈上企业化道路。

1978年10月9日，邓小平同志指示民航要用经济观点管理。1980年2月14日，邓小平同志指出："民航一定要企业化。"同年3月5日，中国政府决定民航脱离军队建制，把中国民航局从隶属于空军改为国务院直属机构，实行企业化管理。这期间中国民航局是政企合一，既是主管民航事务的政府部门，又是以"中国民航（CAAC）"名义直接经营航空运输、通用航空业务的全国性企业。下设北京、上海、广州、成都、兰州（后迁至西安）、沈阳6个地区管理局。1980

年全民航只有140架运输飞机，且多数是20世纪40年代或50年代生产制造的苏式伊尔14、里二型飞机，载客量仅20多人或40人，载客量100人以上的中大型飞机只有 17架；机场只有79个。1980年，中国民航全年旅客运输量仅343万人次；全年运输总周转量4.29亿吨千米，居新加坡、印度、菲律宾、印尼等国之后，列世界民航第35位。

第二阶段（1987年—2002年）：政企分离，推进现代民航业架构基本形成。

1987年，中国政府决定对民航业进行以航空公司与机场分设为特征的体制改革。主要内容是将原民航北京、上海、广州、西安、成都、沈阳6个地区管理局的航空运输和通用航空相关业务、资产和人员分离出来，组建了6个国家骨干航空公司， 实行自主经营、自负盈亏、平等竞争。这6个国家骨干航空公司是：中国国际航空公司、中国东方航空公司、中国南方航空公司、中国西南航空公司、中国西北航空公司、 中国北方航空公司。此外，以经营通用航空业务为主并兼营航空运输业务的中国通用航空公司也于1989年7月成立。

在组建骨干航空公司的同时，在原民航北京管理局、上海管理局、广州管理局、成都管理局、西安管理局和沈阳管理局所在地的机场部分基础上，组建了民航华北、华东、中南、西南、西北和东北6个地区管理局以及北京首都机场、上海虹桥机场、广州白云机场、成都双流机场、西安西关机场（现已迁至咸阳 ，改为西安咸阳机场）和沈阳桃仙机场。6个地区管理局既是管理地区民航事务的政府部门，又是企业，领导管理各民航省（区、市）局和机场。

航空运输服务保障系统也按专业化分工的要求相应进行了改革。1990年，在原民航各级供油部门的基础上组建了专门从事航空油料供应保障业务的中国航空油料总公司，该公司通过设在各机场的分支机构为航空公司提供油料供应。属于这类性质的单位还有从事航空器材（飞机、发动机等）进出口业务的中国航空器材公司，从事全国计算机订票销售系统管理与开发的计算机信息中心，为各航空公司提供航空运输国际结算服务的航空结算中心，以及飞机维修公司、航空食品公司等。

1993年4月19日，中国民用航空局改称中国民用航空总局，属国务院直属机构。12月20日，中国民用航空总局的机构规格由副部级调整为正部级。

20多年中，中国民航运输总周转量、旅客运输量和货物运输量年均增长分别达18%、16%和16%，高出世界平均水平两倍多。2002年，民航行业完成运输总周转量165亿吨千米、旅客运输量8594万人次、货邮运输量202万吨，国际排位进一步上升，我国成为令人瞩目的民航大国。

第三阶段（2002年—）：政企彻底分离、政资分离和行业重组，推进民航发展又迈进一大步。

2002年3月，中国政府决定对中国民航业再次进行重组。主要内容有：

1. 航空公司与服务保障企业的联合重组。民航总局按照“企业自愿、政府引导”的原则，对直属航空运输企业和服务保障企业进行了重组，组成六大集团公司，分别是：中国航空集团公司、东方航空集团公司、南方航空集团公司、中国民航信息集团公司、中国航空油料集团公司、中国航空器材进出口集团公司。成立后的集团公司与民航总局脱钩，交由中央管理。

2. 民航政府监管机构改革。民航总局下设7个地区管理局(华北地区管理局、东北地区管理局、华东地区管理局、中南地区管理局、西南地区管理局、西北地区管理局、新疆管理局)和26个省级安全监督管理办公室（天津、河北、山西、内蒙古、大连、吉林、黑龙江、江苏、浙江、安徽、福建、江西、山东、青岛、河南、湖北、湖南、海南、广西、深圳、重庆、贵州、云南、甘肃、青海、宁夏)，对民航事务实施监管。

3. 机场实行属地管理。按照政企分开、属地管理的原则，对90个机场进行了属地化管理改革，民航总局直接管理的机场下放所在省（区、市）管理，相关资产、负债和人员一并划转；民航总局与地方政府联合管理的民用机场和军民合用机场，属民航总局管理的资产、负债及相关人员一并划转所在省（区、市）管理。首都机场、西藏自治区区内的民用机场继续由民航总局管理。2004年7月8日，随着甘肃机场移交地方，机场属地化管理改革全面完成，也标志着民航体制改革全面完成。

2004年10月2日，在国际民航组织的第35届大会上，中国以高票首次当选该组织一类理事国。

2013年，民航行业完成运输总周转量671.72亿吨千米，其中旅客周转量501.43亿吨千米，货邮周转量170.29亿吨千米，在国际民航组织188个缔约国中名列第二位。全行业完成旅客运输量35397万人次，货邮运输量561万吨。全国民航运输机场完成旅客吞吐量7.54亿人次，货邮吞吐量1258.52万吨，完成起降架次731.54万架次。截至2013年年底，民航全行业运输飞机期末在册架数2145架，共有颁证运输机场193个，共有定期航班航线2876条，其中国内航线（包括香港、澳门航线）2449条，国际航线427条，按重复距离计算的航线里程为634.22万千米，按不重复距离计算的航线里程为410.60万千米。定期航班国内通航城市188个（不包含香港、澳门、台湾），国际定期航班通航50个国家的118个城市。共有运输航空公司46家，其中国有控股公司36家，民营和民营控股公司10家[①]。

二、改革开放三十年中国航空交通建设成就

中国民航经过三十多年的改革开放，行业面貌发生了翻天覆地的变化，取得举世瞩目的成就[②]。

---

①中国民用航空局行政体制沿革.

②民航改革开放三十周年回顾——成就.

（一）民航生产力得到极大解放和提高，中国一跃成为航空运输大国

改革开放三十多年，民航基础设施和设备获得极大改善，科技教育水平有了较大发展。机型结构发生了巨大变化，拥有了世界上各型先进的运输飞机。机场和空中交通管制设施、设备的现代化水平大幅度提高。飞行、机务等各类专业技术人员的培养渠道不断拓宽，规模扩大，水平提高。

2013年全行业运输总周转量、旅客运输量和货邮运输量分别达到1978年的224倍、152倍和88倍。1978—2013年，民航运输总周转量、旅客运输量和货邮运输量年均分别增长16.7%、15.4%和13.6%，运输总周转量的平均增长速度高出世界平均水平的2倍多。2013年定期航线总数达到2876条，其中国际航线290条，分别为1978年的17倍和35倍。定期航班运输总周转量（不含香港、澳门、台湾）在国际民航组织缔约国中的排名，由1978年的第37位上升至2005年的第二位，并一直保持至今。

经过几十年的建设和发展，中国机场总量初具规模，机场密度逐渐加大，机场服务能力逐步提高，现代化程度不断增强，初步形成了以北京、上海、广州等枢纽机场为中心，以成都、昆明、重庆、西安、乌鲁木齐、深圳、杭州、武汉、沈阳、大连等省会或重点城市机场为骨干以及其他城市支线机场相配合的基本格局，中国民用运输机

场体系初步建立。

（二）与市场经济和国际趋势相适应的行业管理体制基本建立，为民航持续发展提供了制度保障

民航从改革开放之初的政企不分、军民合一，通过多次有计划、有步骤的体制改革，完全实现了真正意义上的政企分离、政资分离。民航行业管理部门从既是行业管理者，又是企业资产所有者的双重角色中解脱出来，专注于行使民用航空的安全管理、市场管理、空中交通管理、宏观调控以及对外关系等方面的行业管理职能，实现了向有限责任政府的转变，与社会主义市场经济体制相适应的行业管理体制基本建立。由运输航空、通用航空、机场、空管、航空保障以及政府监管部门构成的民航系统，经过一系列的体制和制度改革，行业系统性大大加强，基本上形成了各子系统配置合理、有序分工的局面，为民航协调发展奠定了坚实的基础。

（三）民航市场体系孕育发展，市场机制基本形成

与中国经济体制改革相适应，民航三十多年的改革开放历程也是市场化程度不断加深的过程。行业行政管理部门从微观企业经营管理事务中完全退出；运输生产的人、财、物由统购、统分、调拨逐步过渡到主要通过市场配置；改革航线准入制度，逐步放松票价管制，数次调整航路、机场和地面服务收费政策。中国民航运输市场的传统结构发生了根本性变化，航空市场的垄断经营模式被打破，平等竞争、效率优先、优胜劣汰的市场机制基本确立。

民航企业的现代企业制度建设工作不断加强，原来的国有独资民航企业逐步走向产权多元化，完善了公司治理结构，经营管理水平明显提高。国航、首都机场等一批民航企业已分别在境内外上市。南航、国航和东航旅客运输量进入全球最大20家航空公司之列；2006年首都国际机场旅客吞吐量开始跻身世界十大机场之列，2013年上海浦东国际机场货物吞吐量位居世界第三。

市场经济是法治经济。在民航市场化改革过程中，民航政策法规体系不断完善。1996年《中华人民共和国民用航空法》正式实施。此后，以民航法为核心，制定和修订了一系列的法规规章，覆盖行政规则、航空器、航空人员、空中交通管理、运行规则、运行合格审定、机场、经济与市场管理、航空安全信息与事故调查、航空安全保卫等民航业的所有领域。截至2009年，民航法规体系包括法律1部、行政法规和法规性文件27部、规章115部。

民航经过三十多年的改革开放，以自主经营的航空运输企业作为代表的各类市场竞争主体已经形成，以民航法律法规规章作为规范的市场运行规则基本建立，竞争机制逐步形成，市场配置资源的基础性作用逐步彰显。

（四）民航全方位多层次的对外开放格局初步形成

民航运输作为一个外向型行业，1980年诞生了中国第一家外商投资企业——北京航空食品有限公司。1994年、2002年两次颁布了外商投资民航业的相关规定，允许外资投资于除空中交通管理以外的民航业所有领域。通过外国政府贷款、中外合资、外商独资、融资租赁、海外上市等方式，民航累计利用外资达300多亿美元。民航企业以积极主动的姿态参与世界航空运输的竞争，2007年，国航和上航正式加入星空联盟，南航加入天合联盟。

截至2013年年底，中国与115个国家正式签署了双边航空运输协定，其中的三分之二以上是在1978年改革开放以后新订立的。

中国民航在世界航空运输业的重要性不断提升，获得了世界同行的尊敬与赞誉。2004年以来，中国已经连续四届在国际民用航空组织当选第一类理事国。

（五）航空安全管理不断创新，航空安全水平极大提高

民航在推进各项改革开放工作的同时，始终没有放松对安全工作的重视。坚持“安全第一、预防为主、综合治理”的方针，强化安全生产责任制，创新安全管理理念，重视安全规章标准的建设，强化专业技术人员的培训，加大安全投入，积极采用现代化的科技手段。在生产规模扩大、发展速度加快、行业不断改革的情况下，创造了新的安全飞行纪录。自1978年以来，事故率持续下降。截至2013年年底，航空运输连续安全飞行超过2048万小时，航空运输安全达到国际先进水平。

中国民航业三十多年的发展，较好地适应中国经济社会的发展需求，服务范围不断扩大，越来越成为一种大众化的交通方式，已由原来的从属补充地位，发展成为中国综合运输体系的组成部分，较好地

发挥了在国民经济发展中的助推器、黏合剂作用。在促进就业增加、带动区域发展、推动经济增长方面，发挥了不可替代的作用。特别是与航空运输密切相关的高科技、金融和旅游等行业，从民航运输的发展中获得充足的支持。通用航空在农林、地勘、旅游、救灾等行业和社会生活的许多领域发挥了重要作用。在2008年中国发生的雪灾和地震两次自然灾害中，通用航空展现出了难以替代的作用。

改革开放三十多年来，中国航空交通的发展大致经历了军转民、推进行业迈上企业化道路，政企分离、推进现代民航业架构基本形成，政企彻底分离、政资分离和行业重组三个阶段。截至2013年年末，中国民航全行业运输飞机期末在册架数2145架，共有颁证运输机场193个，运输航空公司46家，定期航班航线2876条，国内通航城市188个，国际通航50个国家的118个城市，定期航班运输总周转量在国际民航组织缔约国中排名第二。

三、典型工程

（一）从无到有、做大做强——中国十大航空公司

1. 东方凤凰——中国国际航空股份有限公司

凤凰，是中华民族古代传说的神鸟。《山海经》中记述：凤凰出于东方君子之国，飞跃巍峨的昆仑山，翱翔于四海之外，飞到哪里就给哪里带来吉祥和安宁。中国国际航空股份有限公司的注册标志，

就是一只艺术化的美丽凤凰。50多年来，这只“凤凰”飞遍了五湖四海，飞遍了全世界，为中外旅客架起了安全快捷的空中桥梁。

中国国际航空股份有限公司（以下简称“国航”）的前身中国国际航空公司成立于1988年。根据国务院批准通过的《民航体制改革方案》，2002年10月11日，以中国国际航空公司为基础，联合中国航空总公司和中国西南航空公司，正式成立了中国航空集团公司，并以联合三方的航空运输资源为基础，组建了新的中国国际航空公司。2004年9月23日，中国航空集团公司、中国航空（集团）有限公司作为发起人，召开了中国国际航空股份有限公司的创立大会。2004年9月30日，经国务院国有资产监督管理委员会批准，中国国际航空股份有限公司在北京正式成立。截至2004年6月底，国航拥有以波音系列飞机为主的各型飞机136架，通航69个国内目的地、34个国际及地区目的地。另外，作为中国唯一载国旗飞行的航空公司，几十年来，国航承担了党和国家领导人的出访和部分国内专机任务，也承担了许多外国元首和政府首脑在国内的专机和包机任务。2004年8月4日，国航又成了北京2008年奥运会的唯一航空客运合作伙伴。

2. 春雨中的燕子——中国东方航空公司

中国东方航空集团公司（以下简称“东航集团”）成立于2002年，总部设于上海。英文全称China Eastern Air Holding Company，英文缩写为CEAH。东航集团是中国三大国有骨干航空运输集团之一，它以原东航集团公司为主体，兼并原中国西北航空公司、联合原中国云南航空公司组建而成，并在2010年完成了与上海航空公司的联合重组。

东航集团隶属国务院国有资产监督管理委员会监督管理。作为历史悠久、规模宏大的中央直属企业，其前身可追溯到1957年原民航上海管理处筹建成立的第一支飞行中队。1988年，按中国民航“政企分离”的改革方案，经原中国民用航空总局上海管理局体改后成立了中国东方航空公司。1993年，适应市场形势需要，正式成立了中国东方航空集团；1995年，中国东方航空集团改制分立为东方航空集团公司和中国东方航空股份有限公司。同年，东方航空集团公司作为唯一发起人，发起设立中国东方航空股份有限公司。1997年，中国东方航空股份有限公司分别在香港、纽约和上海挂牌上市，成为中国民航首家在海内外上市的企业。

1997年，东方航空集团又在全国民航首开先河，成功兼并了中国通用航空公司，成立了中国东方航空股份有限公司山西分公司、河北分公司和东方通用航空公司，并与中远集团合资组建中国货运航空公司，填补了中国没有专业货运航空公司的空白。之后，东方航空集团不断兼并、控股，规模迅速扩大。2002年10月，在北京人民大会堂，中国东方航空集团公司正式宣布成立。2011年6月，东航集团正式加入天合联盟。

3. 盛开的木棉花——中国南方航空公司

中国南方航空股份有限公司（以下简称“南航”），总部设在广州，以蓝色垂直尾翼镶红色木棉花为公司标志，是中国运输飞机最多、航线网络最发达、年客运量最大的航空公司。目前，南航经营客货运输机600多架，机队规模居亚洲第一，在IATA全球240个成员航空公司中排名第五，是全球第一家同时运营波音787和空客380的航空公司。

南航每天有近2000个航班飞至全球近40个国家和地区、207个目的地，投入市场的座位数可达30万个。南航通过与天合联盟成员密切合作，航线网络通达全球1064个目的地，连接187个国家和地区，到达全球各主要城市。2013年，南航旅客运输量超过9100万人次，位列亚洲第一、全球第三（数据来源：国际航协），已连续35年居国内各航空公司之首。

2013年6月，南航开通广州—莫斯科直飞航班，加上早已开通的广州至巴黎、阿姆斯特丹、伦敦航线，与广州至大洋洲的悉尼、墨尔本、奥克兰、布里斯班、珀斯等航线，构成了两个美丽的扇形，以广州枢纽为联结点，相互支撑，互相借力，构成了南航国际化的新品牌“广州之路”（Canton Route）。

截至2014年6月，南航已连续安全飞行超过1265万小时，安全运输旅客累计7亿人次，安全管理水平在国内、国际均处于领先地位。2012年9月28日，南航荣获中国民航局颁发的飞行安全最高奖“飞行安全钻石奖”，成为中国国内安全星级最高、安全业绩最好的航空公司。

4. 振翅高飞的大鹏金翅鸟——海南航空有限公司

海南航空股份有限公司（以下简称“海南航空”）于1993年1月成立，起步于中国最大的经济特区海南省，致力于为旅客提供全方位无缝隙的航空服务。海南航空是海航集团下属航空运输产业集团的龙头企业，对所辖的中国新华航空有限责任公司、长安航空有限责任公司、山西航空有限责任公司实施行业管理。

海航拥有以波音737、787系列和空客330系列为主的年轻豪华机队，适用于客运和货运飞行，为旅客打造独立空间的优质头等舱与宽敞舒适的全新商务舱。截至2014年10月，共运营飞机超过135架，其中主力机型为B737客机，宽体客机32架。

自开航以来，海南航空连续安全运营20多年，保持了良好的安全记录，服务赢得广大旅客和民航业界的一致认可，2014年10月，荣获2014年度世界旅游大奖（WTA）“2014亚洲级最佳商务舱”奖项。2013年11月30日荣获世界旅游大奖组委会颁发的WTA“世界最佳经济舱”奖。12月4日入围国际著名品牌咨询评估机构BRANDZ评选的最具价值中国品牌100强。自2011年起，海南航空凭借高品质的服务水平及持续多年的服务创新，连续四次荣膺SKYTRAX全球五星级航空公司。同时第五次荣获SKYTRAX“中国地区最佳航空公司”和“中国地区最佳员工服务”两项大奖。

5. 民族之鹏——深圳航空公司

深圳航空有限责任公司（以下简称“深航”）于1992年11月成

立，1993年9月17日正式开航。股东为中国国际航空股份有限公司、深国际全程物流（深圳）有限公司，主要经营航空客、货、邮运输业务。自开航以来，以安全飞行、优质服务、良好的经济效益和高效的管理模式，赢得了社会的广泛赞誉。

截至2014年6月5日，深航主体共拥有波音737，空客320、319等各类型客货机140余架，经营国内国际航线158条，开通国内国际航线130多条，有驻国内外营业部43个，设立了南宁、无锡、广州、常州、沈阳、郑州6个基地分公司。

6. 昂首矫健的白鹭——厦门航空公司

厦门航空有限公司（以下简称“厦航”）成立于1984年7月25日，是由民航局与福建省合作创办的中国首家按现代企业制度运营的航空公司。现股东为中国南方航空股份有限公司（51%）、厦门建发集团有限公司（34%）和冀中能源股份有限公司（15%）。厦门航空承运人代码为“MF”，企业标志为“蓝天白鹭”。

厦航是中国唯一使用全波音系列飞机的航空公司，截至2014年12月，公司拥有全波音系列的122架飞机，总座位数超过2万个，平均机龄低于5.23年。经营国内航线226条，国际及地区航线37条，每周执行航班4000个，构建了以厦门、福州为核心，覆盖全国、辐射东南亚的航线网络，设有福州、北京、杭州、天津、湖南、南昌6家分公司和泉州运行基地，以及50个驻境内外营业部、办事处，总资产近350亿元，净资产130亿元，是中国民航唯一连续保持27年赢利的航空公司。

截至2013年12月31日，厦航累计安全飞行263.12万小时，实现连续335个月的飞行安全和连续238个月的空防安全。2013年，面对极为错综复杂的内外部形势，厦航认真贯彻落实党的十八大精神，以“十二五”规划为引领，坚持稳中求进，坚持安全第一，不断开拓进取，提升企业实力，取得了可喜的业绩：全年实现安全飞行33.87万小时，完成运输总周转量24.3亿吨千米、旅客运输量1857.2万人次、货邮运输量19.2万吨，连续被旅客评为“服务最佳航空公司”，航班正常率始终位居行业前茅。

7. 展翅飞翔的白鹤——上海航空公司

上海航空公司（以下简称“上航”）成立于1985年12月，是中国国内第一家由地方投资组建的商业化运营的航空公司。2010年1月28日，以东航换股吸收合并上航的联合重组顺利完成，上航成为新东航的成员企业。2010年5月28日，作为东航全资子公司的上海航空有限公司正式挂牌运营。

上航目前拥有以波音及空客为主的先进机队70余架，开辟国内航线百余条，还通达了日本、韩国、泰国、澳大利亚、新加坡以及中国香港、澳门和台北等17条中远程国际及地区航线，年运输旅客1239.54万人次。

多年来，上航以良好的安全记录、高质量的服务水准、先进的企业文化和卓有成效的经营管理，取得了良好经济效益和社会效益。

曾先后荣获中国企业500 强、全国用户满意企业、全国民航用户满意度优质奖、上海市质量金奖企业、上海市著名商标、上海市文明单位等称号。2013年，上航以安全飞行200万小时荣获中国民航局颁发的“飞行安全二星奖”。

8. 高傲飞翔的海燕——四川航空公司

四川航空股份有限公司（以下简称“川航”）成立于2002年8月29日，四川航空集团有限责任公司持有川航40%的股份，为第一大股东。其他股东分别为中国南方航空股份有限公司、中国东方航空股份有限公司、山东航空股份有限公司、成都银杏金阁投资有限公司。川航的前身是四川航空公司，该公司成立于1986年9月19日，1988年7月14日正式开航营运。

截至2013年，川航已经安全飞行25年，连续赢利16年。目前，川航拥有空中客车飞机79架，为国内最大的全空客机队航空公司。川航总部设在四川成都双流国际机场，同时在重庆和昆明分别设有分公司，在杭州、三亚、北京、西安、哈尔滨等地设有过夜基地，形成覆盖全国79个大中城市的航线网络布局。航线从最初的7条发展到160多条，并开通有香港、台湾地区航线，首尔、马尔代夫、普吉、塞班、雅加达、胡志明、温哥华、墨尔本等国际航线，形成了国际地区航线、国内主次干线、支线网络的有机组合。

9. 齐鲁之翼——山东航空公司

被誉为“齐鲁之翼”的山东航空集团有限公司（以下简称“山航

集团”）是由中国国际航空股份有限公司、山东省经济开发投资公司等十家股东合资组成的从事航空运输相关产业经营的企业集团公司。于1994年3月12日经国家民航总局和山东省委、省政府批准成立，总部在济南。山航集团控股的山东航空股份有限公司是山航集团的核心单元业务、深交所B股上市公司，主营航空运输业务。

20多年来，山航始终把“确保安全，狠抓效益，力求正点，优质服务”放在首位。截至2014年10月，拥有波音B737系列等飞机79架；到“十二五”末，达到100架飞机，跨入大型航空公司行列。目前经营航线150条，每周2000多个航班飞往全国70个大中城市，并开通台湾地区航线和韩国、日本、泰国、越南、柬埔寨等国际航线。

山航连续保持了20多年的安全飞行记录，先后四次获得民航总局安全最高荣誉奖“金雁杯”和“金鹰杯”，累计安全飞行200万小时，荣获中国民航“飞行安全二星奖”。多次被评为国家级“用户满意服务单位”“全国质量效益型企业”，公司彩虹乘务队、市场部济南营业部被团中央、民航总局命名为“全国青年文明号”。

10. 草根航空——春秋航空

春秋航空股份有限公司（以下简称“春秋航空”）是中国首批民营航空公司之一，是中国唯一一家低成本航空公司。基地在上海。经过民航局对公司严格的运行合格审定， 2005年7月18日首航，运营上海飞广州、深圳、珠海、揭阳（汕头）、厦门、三亚、福州、沈阳、哈尔滨、长春、大连、青岛、银川、绵阳、石家庄、昆明、重庆、西安、兰州、乌鲁木齐、呼和浩特等多个城市，共开飞了国内50多条航线，2010年7月28日，春秋航空开通了中国民营航空公司第一条国际航线上海—日本茨城航线， 同年9月28日开通上海—香港航线，2011年4月8日开通上海—澳门航线，提供“安全、低价、准点、便捷、温馨”的航空服务。

春秋航空创新起步，安全、平稳运行，平均客座率95%。在19家新航空公司中唯一获民航局“安全先进单位”表彰嘉奖。自2006年1月至2013年，每月居民航局公布的全民航“政府性基金征缴”（指民航基金、机场建设费）总评分第一名。

春秋航空以“让更多的普通大众坐得起飞机”为目标，打造了“三多”新市场：旅客第一次乘飞机的多，周边来乘飞机的多，自费掏腰包客人多。春秋航空推出99元、199元、299元、399元等“99系列特价机票”，通过降低运营成本使票价下降，以对价格比较敏感的商务客和旅游观光客为主要客源市场，让更多的乘坐火车和汽车等地面交通工具和从未坐过飞机的人，尤其是自费客人乘坐飞机旅行。春秋航空的机票销售不进中国民航GDS预订系统，全部在春秋航空自己开发的座位控制销售系统销售。以网上B2C电子客票直销为主。旅客可以在家或在办公室通过网上支付预订机票，还可以在网上选择飞机上座位，并且用普通纸张打印电子客票行程单。春秋航空减少非必要服务，不免费供应饮料和餐食，旅客如有需要均可有偿使用。

表5-1 中国主要航空企业

序号	名称	总部	主运营基地	IATA代码	主要机型	图标
1	中国国际航空公司（央企）	北京	北京首都国际机场、成都双流国际机场	CA	空客A319、320、330、340，波音737、747、757、767、777	
2	中国东方航空公司（央企）	上海	上海浦东国际机场、上海虹桥国际机场	MU	空客A319、320、330、340，波音737、767，麦道90 ERJ-145、CRJ-200	
3	中国南方航空公司（央企）	广州	广州白云机场、北京首都国际机场	CZ	空客A319、320、330、340，波音737、747、757、777，麦道90，ERJ145	
4	海南航空公司（地方国企）	海口	海口美兰机场	HU	空客A319、330、340，波音737、767，多尼尔328	
5	深圳航空公司（地方国企）	深圳	深圳宝安机场	ZH	空客319、320，波音737	
6	上海航空公司（地方国企东航收购）	上海	上海浦东国际机场、上海虹桥国际机场	FM	波音737、757、777，麦道11，庞巴迪，CRJ200	

续表

序号	名称	总部	主运营基地	IATA代码	主要机型	图标
7	厦门航空公司（地方国企）	厦门	厦门高崎国际机场、福州长乐国际机场	MF	波音737、757，庞巴迪ARJ121	
8	四川航空公司（地方国企）	成都	成都双流国际机场	3U	空客319、320、321，庞巴迪ERJ145	
9	山东航空公司（地方国企）	济南	济南遥墙国际机场	SC	波音737，庞巴迪CRJ200、700，ARJ21	
10	奥凯航空公司(民营)	北京	天津滨海国际机场	BK	波音737，新舟6	
11	春秋航空公司（民营）	上海	上海虹桥国际机场	9C	空客A320	
12	长城航空公司（中外合资货运）	上海	上海浦东国际机场	IJ	波音747	
13	重庆航空公司（南航系）	重庆	重庆江北国际机场	OQ	空客A320	
14	东北航空公司（川航系）	沈阳	沈阳桃仙机场	NS	空客A319、ERJ-145	

续表

序号	名称	总部	主运营基地	IATA代码	主要机型	图标
15	翡翠国际货运航空公司（中外合资货运）	深圳	深圳宝安国际机场	JI	波音747	
16	华夏航空公司（中外合资）	贵阳	贵阳龙洞堡国际机场	G5	庞巴迪CRJ200	
17	中国国际货运航空公司（国航系货运）	北京	北京首都国际机场	CA	波音747	
18	中国货运航空公司（东航系货运）	上海	上海浦东国际机场、上海虹桥国际机场	CK	麦道11，波音747，空客A300	
19	上海国际货运航空公司（上航系大陆和台湾合资货运）	上海	上海浦东国际机场	F4	麦道11，波音747、757	
20	扬子江快运航空公司（海航系大陆和台湾合资货运）	上海	上海浦东国际机场	Y8	波音737、747	
21	首都航空公司（海航系）	北京	北京首都国际机场	JD	空客A319，公务机	
22	鲲鹏航空公司（深航系）	郑州	郑州新郑国际机场	VD	庞巴迪CRJ-200，国产ARJ21	
23	上海吉祥航空公司（民营）	上海	上海虹桥国际机场、上海浦东国际机场	HO	空客A319、320	

续表

序号	名称	总部	主运营基地	IATA代码	主要机型	图标
24	天津航空公司（海航系原大新华快运）	天津	天津滨海国际机场西安咸阳国际机场	GS	多尼尔328，国产ERJ145	
25	西部航空公司（海航系）	重庆	重庆江北国际机场	PN	波音737	
26	东海航空公司（内地和香港合资货运）	深圳	深圳宝安国际机场	J5	波音737	
27	鹰联航空公司（民营）	成都	成都双流国际机场	EU	空客A319、320	
28	中国联合航空公司（上航系）	北京	北京南苑机场	KN	波音737	
29	中国邮政航空公司（邮政系统）	北京	南京禄口机场	8Y	波音737	
30	云南祥鹏航空公司（海航系）	昆明	昆明巫家坝国际机场	8L	波音737	
31	昆明航空公司（深航系）	昆明	昆明巫家坝国际机场	KY	波音737	
32	幸福航空公司（东航系）	西安	西安咸阳国际机场	JR	国产新舟60 ARJ21	
33	澳门航空公司	澳门	澳门国际机场	NX	空客A300、319、320、321	

续表

序号	名称	总部	主运营基地	IATA代码	主要机型	图标
34	澳门非凡航空公司	澳门	澳门国际机场	ZG	波音767	VIVA MACAU 非凡航空
35	国泰航空公司	香港	香港大屿山国际机场	CX	空客A330、340，波音747、777	
36	港龙航空公司（国泰系）	香港	香港大屿山国际机场	KA	空客A320、321、330，波音747	
37	香港华民航空公司（国泰系货运）	香港	香港大屿山国际机场	LD	波音747，空客A330	
38	香港航空公司（海航系）	香港	香港大屿山国际机场	HX	波音737	
39	香港快运航空公司（海航系）	香港	香港大屿山国际机场	UO	巴西EMBRAER 170，波音737	
40	中华航空公司	台北	台北桃园国际机场	CI	波音737、747，空客A330、340	
41	长荣航空公司	桃园县	台北桃园国际机场 高雄国际机场	BR	波音747、777 空客A320、330，麦道90、11	
42	复兴航空公司	台北	台北松山国际机场	GE	空客A320、321，ART-200、500	

续表

序号	名称	总部	主运营基地	IATA代码	主要机型	图标
43	华信航空公司（华航系）	台北	台北桃园国际机场台北松山国际机场	AE	波音737，福克F100，ERJ190	
44	立荣航空公司（长荣系）	台北	台北松山国际机场	B7	麦道90，DASH-8	
45	远东航空公司	台北	台北桃园国际机场台北松山国际机场	EF	波音757，麦道82、83	
46	德安航空公司	高雄	高雄国际机场、台东机场	DA	多尼尔228	

（二）世界一流、亚洲领先——中国十大机场

1. 北京首都国际机场

北京首都国际机场是“中国第一国门”，是中国最重要、规模最大、设备最先进、运输生产最繁忙的大型国际航空港，是中国的空中门户和对外交流的重要窗口。北京首都国际机场建成于1958年，运营50多年来，伴随着历史的脚步，始终昂首向前。尤其是改革开放以来，随着中国经济的快速发展，并得益于北京得天独厚的政治、经济、文化和地理位置优势，北京首都国际机场的年旅客吞吐量从1978

年的103万人次增长到2013年的8371万人次，排名全球第二位。

为满足旅客不断增长的需求，北京首都国际机场从1965年开始先后进行了三期共8次大规模的改扩建。1980年1月1日，面积达61580平方米的1号航站楼正式启用。1999年11月1日，面积达33.6万平方米的2号航站楼全面投入运营。自2004年3月28日开工，历经三年零九个月的奋战，北京首都国际机场以又好又快的“中国速度”完成了目前世界上最大单体航站楼——3号航站楼的建设工程。随后，在试运行不足两个月的时间里，北京首都国际机场全力组织了6次近万人的大规模演练，最终实现了3号航站楼的成功接收和顺畅运营，赢得了世界同行的高度评价。自此，北京首都国际机场的硬件资源得以有效扩充，成了亚太地区首个，也是唯一一家拥有3个航站楼、3条跑道、双塔台同时运行的机场，昂首跨入世界超大型机场行列。

图5-1　首都机场1号航站楼

图5-2　首都机场2号航站楼

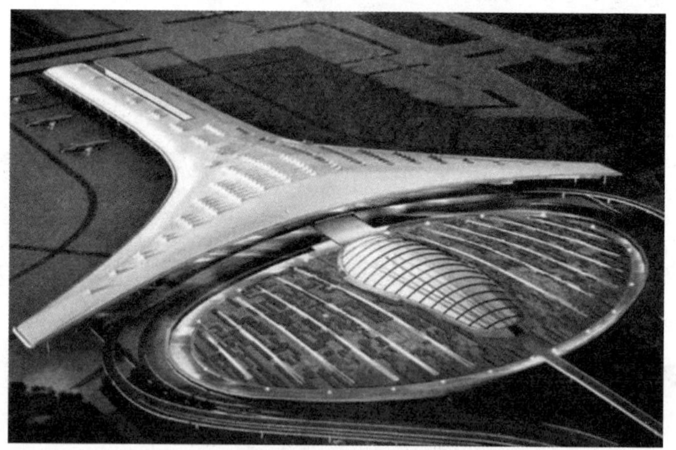

图5-3　首都机场3号航站楼

2. 上海浦东国际机场

浦东国际机场位于上海长江入海口南岸的滨海地带，占地50多平方千米，距上海市中心约30千米，距虹桥机场约40千米。

浦东机场一期工程1999年9月建成通航，二期工程2008年3月建成通航。浦东机场拥有3条跑道、2个航站楼、218个停机位、70座登机桥，可保障年旅客吞吐量6000万人次。同时，装备有导航、助航灯光、通信、雷达、气象和后勤保障等系统，能提供24小时全天候服务。

浦东机场1号航站楼由主楼、连接廊、候机长廊三大部分组成，均为三层结构，面积达27.8万平方米，登机桥28座，值机柜台204个；候机楼内的商业餐饮面积1万平方米。

浦东机场2号航站楼为多层式航站楼结构，由主楼（办票）、连接廊（联检）、长廊（候机、登机）三部分组成，建筑面积达48.55万平方米，值机柜台352个，登机桥42座；候机楼内的商业餐饮设施面积2万平方米。

浦东机场日均起降航班达700架次左右，航班量已占到整个上海

图5-4　浦东国际机场

机场的六成左右。通航浦东机场的中外航空公司已达60家左右，航线覆盖90多个国际（地区）城市、70多个国内城市。

3. 广州白云国际机场

广东素有祖国的南大门之称，是中国第一经济大省。广东省的省会——广州是中国最重要的交通枢纽之一，开创了中国民航机场事业发展的先河。20世纪30年代初，广州白云机场建成启用，并在今后很长一段时间里成为中国对外交往的重要国门，始终位居中国机场发展的前列。

2004 年2月25日，为进一步促进发展，经广东省人民政府批准，组建成立广东省机场管理集团公司，统一经营管理广州白云、汕头、湛江和梅县机场。其中广州白云、 汕头、湛江机场为广东省经国家批准对外开放的航空一类口岸。广东机场集团成立以来，在民航局和广东省委省政府、广州市委市政府的领导和关心下，紧紧围绕 “建设航空枢纽”的战略目标推进工作。

2004年8月5日，总投资198亿元的广州新白云国际机场正式投入运营。这是中国首个按照中枢机场理念设计和建设的航空港。机场占地面积为15平方千米，第一期工程飞行区两条平行跑道按4E级标准，航站区按满足2010年旅客吞吐量2500万人次要求设计。其中，新机场一期航站楼面积为32万平方米，是国内各机场航站楼之最，楼内所有设施设备均达到当今国际先进水平，是中国南方航空集团公司、深圳航空公司和海南航空公司的基地机场。

图5-5 白云国际机场

至2008年年底，机场共与40余家航空公司建立了业务往来，已开通定期国内航线130余条，国际航线60余条，通达国内外140多个城市和地区。2009年，全集团累计完成飞机起降32.88万架次，实现旅客吞吐量3874.54万人次，货邮吞吐量96.60万吨。

4. 上海虹桥国际机场

虹桥机场位于上海市西郊，距市中心仅13千米，多少年来，它一直是上海空港的代名词。虹桥机场自1996年以来屡获中国民航业组织的“旅客话民航”活动中旅客吞吐量800万人次以上机场组第一名。

虹桥机场拥有跑道和滑行道各一条，跑道3400米长、57.6米宽，停机坪约48.6万平方米，共有66个机位，其先进的基础设施和各种导航、通信、保障系统，均符合世界上各类飞机的起降要求。在上海机

图5-6　上海虹桥机场

场顺利实现航班东移后，虹桥机场在起降国内航班的同时继续保留国际航班的备降功能。

机场候机楼面积为8.2万平方米，拥有15个候机大厅、18个贵宾室和15条行李传输系统。虹桥机场日均起降航班540架次左右，安全运营更有保障。

虹桥机场候机楼占地8.2万平方米， 由A、B两座候机楼紧密相连。作为一个重要的服务窗口，主要承担国内出发、到达旅客及备降航班的运输任务，同时为机场安全生产、航班正点提供地面服务保障。

5. 深圳宝安国际机场

深圳宝安国际机场是中国境内集海、陆、空联运为一体的现代化国际空港，也是中国境内第一个采用过境运输方式的国际机场。深圳宝安国际机场于1991年10月正式通航。截止到目前，深圳宝安国际机场共开通国内外航线151条，通航国内外102个城市，共有9家客货运基地航空公司。

自通航以来，深圳宝安国际机场旅客吞吐量和货邮吞吐量高速增长，连续多年在全国保持第四大机场的地位。客运方面，1996年12月，深圳宝安国际机场一跃而成为国内第四大机场。2003年，旅客吞吐量突破1000万人次，正式跨入全球百强机场行列。2007年，深圳宝安国际机场旅客吞吐量突破2000万大关，跨入世界最繁忙机场行列。2013年，深圳宝安国际机场年旅客吞吐量突破3000万人次，达到3226.84万人次，货邮吞吐量91.36万吨，航班起降25.75万架次。货运方面，2011年3月，深圳宝安国际机场被世界权威货运杂志*Air Cargo News*授予全球“年度最佳货运机场”奖。这是国内首次有机场获得该荣誉。

图5-7　深圳宝安国际机场

2011年，长3800米、宽60米的机场第二跑道投入使用。该跑道飞行等级为4F，可以满足目前世界上最大型客机起降，其中包括“空中巨无霸”——空客A380客机。2013年，深圳机场新航站楼正式启用，为深圳的腾飞插上了翅膀。新航站楼分为航站主楼、十字指廊候机厅、远期卫星指廊三个部分。占地19.5万平方米，南北长1128米，东西宽640米，总建筑面积45.1万平方米，共提供62个近机位和14个临近主体的远机位。

6. 成都双流国际机场

成都双流国际机场位于成都市西南郊，距市中心16千米，有高速公路与市区相通，设有通往省内主要城市的长途汽车、直达市区的专用公交车和出租车服务站。

成都双流国际机场于1993年被国家批准为“国际口岸机场”，2000年获“落地签证权”，是中国国际航空西南分公司、四川航空公司、中国东方航空四川分公司、成都航空公司和祥鹏航空成都分公司的基地机场。截至2013年12月，成都双流国际机场已开通151条国内定期航线和71条国际（地区）航线，是中国中西部地区最大的航空枢纽港，正致力于打造国家级航空枢纽和创建世界十佳机场。

成都双流国际机场占地面积14000余亩，现有两条平行跑道，其中西跑道长3600米，宽45米，等级4E，具备Ⅱ类着陆标准；东跑道长3600米，宽60米，等级4F，按Ⅲ类A着陆标准建设，可供A380飞机起降。机场共有停机位145个。

成都双流国际机场拥有两座航站楼。候机面积达50万平方米，设有登机廊桥74条，安检通道64条，值机柜台207个，有完善的中转、购物、餐饮、娱乐等配套服务功能，建有五星级和三星级酒店配套服务设施，可满足年旅客吞吐量5000万人次。

目前，成都双流国际机场建有三座航空货运站，总面积10.7万平方米，年货邮处置能力150万吨。其中建筑面积5.5万平方米的空港货运站是中国中西部最大、功能较完善的综合货运站，具备全天候通关能力。

图5-8 成都双流国际机场

成都双流国际机场2000年旅客吞吐量552万人次；2005年旅客吞吐量1389.96万人次；2013年旅客吞吐量3344.6万人次，客运量居中国中西部机场第一位，稳居中国大陆第四大航空城。

7. 昆明长水国际机场

昆明长水国际机场，其前身是昆明巫家坝国际机场。截止到2012年6月使用的昆明巫家坝国际机场建于1922年，是中国第二个民用机场，经3次改扩建，航站楼设计容量1037万人次，但仅2008年巫家坝机场的客运吞吐量就达到了1528万人次，2011年达到2227万人次，远远超出了现有航站楼设计容量，成了中国第七个吞吐量超过2000万的国际机场，机场运营压力巨大。因此，昆明市政府决定迁建一座全新的机场——昆明长水国际机场，在2012年6月28日投入运营。

目前，长水国际机场为全球百强机场之一，是中国面向东南亚、南亚和连接欧亚的国家门户枢纽机场，这也让昆明长水国际机场成了中国西南部地区唯一的国家门户枢纽机场。与乌鲁木齐地窝堡国际机

图5-9　长水国际机场

场并列为我国两大国家门户枢纽机场。是全国继北京首都机场、上海浦东机场、广州白云机场之后第四家实现双跑道独立运营模式的机场，2013年全国千万级机场旅客吞吐量增长率第一（增长率23.8%，净增长572万人次）。

8. 西安咸阳国际机场

西安咸阳国际机场位于中国内陆中心，地处美丽富饶的八百里秦川之间、渭北黄土塬之上。机场位于西安市西北、咸阳市东北方向，经机场专运线至西安市中心47千米，距离咸阳市13千米。机场场区占地564公顷，地势平坦，视野开阔，净空良好，为4E级民用机场。

咸阳机场是中国主要的干线机场、国际定期航班机场、中国十大机场之一，也是民航总局规划的八大枢纽机场之一。机场飞行区等级4F级，可满足目前世界上载客量最大的A380客机起降，机场有三座航站楼，总面积35万平方米；共计停机位116个，两条跑道，可保证跨洋洲际飞行。2013年旅客吞吐量突破2604.5万人次，航班起降架次22.5万架次，货邮吞吐量17.89万吨。2012年，咸阳机场的二期工程投运新建一条长3800米、宽60米的跑道，飞行区技术指标4F；新建27万平方米的T3航站楼、8万平方米的综合交通枢纽、2.5万平方米的货运区、1.1万平方米的贵宾区和1.2万平方米的集中商业区。目前机场三座航站楼共有登机桥37个、值机柜台140个、安检通道36条，运行能力达到国际先进水平。

多年来，咸阳机场一直在我国民航机场业保持着行业领先地位，三项基本指标连续多年排名全国第九位。2013年，咸阳机场年旅客吞吐量已达到2604.5万人次，旅客吞吐量全国排名第八位，进入全球机场前60位。目前，咸阳机场与国内外46家航空公司建立了航空业务往来，开辟的通航点达134个、航线243条。

图5-10　咸阳国际机场

9. 重庆江北国际机场

重庆江北国际机场是中国民航区域性枢纽之一，位于重庆市东北部，距市中心19千米，于1990年1月22日建成投用，飞行区等级为4E级。重庆机场拥有两条跑道（其中：第一跑道长3200米、第二跑道长3600米）；两座航站楼共20万平方米（其中：国际楼2万平方米、国内楼18万平方米）；停机坪76万平方米，停机位89个，货库9万平方米。在西部地区率先实现双跑道、双航站楼运行，可满足波音747-400等大型客货机直航欧美的需要，可保障年旅客吞吐量3000万人次、货邮吞吐量55万吨、年飞机起降26万架次的运行需要。

重庆机场运输生产快速增长，航线网络日趋完善，机场通达性大幅提升。重庆机场通航城市达到120个，其中内地83个，全国各省会城市及主要旅游城市全覆盖，国际及港澳台地区37个，主要通达东南亚、南亚、日韩、欧洲和北美。重庆机场拥有国际（地区）货运航线18条，通航城市22个，基本构建起重庆至欧洲、北美、中亚、东南亚等地较为完善的货运航线网络，对重庆产业结构调整、经济社会发展起到了积极的推动作用。

2006年，重庆机场旅客吞吐量突破800万人次，步入全国十大机场行列。2007年旅客吞吐量突破1000万人次，2009年旅客吞吐量突破1400万人次，稳居中国十大机场行列，成为世界100强机场之一。2012年旅客吞吐量突破2000万人次大关，成功迈入增长新量级。同时，国际（地区）客货增长迅速，2012年完成国际（地区）旅客吞吐量85万人次，国际（地区）货运8.5万吨。

为满足快速发展的航空运输生产需求，重庆机场于2009年启动东航站区及第三跑道建设工程，该工程是民航局和重庆市“十二五”期间的重点建设项目。主要建设内容包括：新建一座50万平方米的T3A航站楼；航站楼前新建集城际铁路、地铁、长途换乘中心、停车楼于一体的30万平方米综合交通枢纽；新建一条3800米的4F级跑道，可满足A380起降；新建80万平方米停机坪，新增停机位94个。该项目于2015年年底前建成投用，可满足年旅客吞吐量4500万人

图5-11　重庆江北国际机场

次、货邮吞吐量110万吨、飞机起降37.3万架次的运输需求。

10. 杭州萧山国际机场

杭州萧山国际机场位于浙江省杭州市东部，距市中心27千米，是中国重要的干线机场、国际定期航班机场、对外开放的一类航空口岸和国际航班备降机场，是浙江省第一空中门户。

依托浙江省及周边地区充足的客货资源和旺盛的航空市场需求，杭州萧山国际机场建成通航以来，运输生产迅猛增长，航线网络日趋规模。2007年机场旅客吞吐量首次突破千万人次大关，开始跻身世界繁忙机场行列。2013年旅客吞吐量达到2211万人次，共有49家中外航空公司开通定期航线185条。

2006年12月18日，杭州机场与“全球最佳机场”——香港国际机场，进行战略性的全面合资合作，学习借鉴国际先进机场的管理经验，由此成为中国内地首家整体对外合资的机场。

为增强发展后劲，提升综合服务保障能力，杭州机场于2006年启动了二期扩建工程。2007年11月8日，二期工程正式开工建设，以2020年为建设目标年，新建国际航站楼、第二国内航站楼和第二跑道，工程于2012年12月30日全部建成投运。

二期工程建成启用后，机场占地面积达到10万平方千米，是原先的2倍；拥有两条跑道，可起降目前世界上最先进的空客A380飞机；机场拥有多座航站楼，总面积达到37万平方米，是原先的3.7倍；机坪面积达到90万平方米，是原先的2.6倍；停机位数量、值机柜台数量和安检通道数量分别是原先的3.7倍、3.1倍和2.4倍。机场流程更加

图5-12　杭州萧山国际机场

合理，功能更加完善，设施更加先进，地面综合保障能力大为增强，可满足年旅客吞吐量3300万人次、货邮吞吐量80.5万吨、航班起降量26万架次的保障需求。消防救援设施按9级标准配置。

第六章

中国管道运输建设三十年

早在公元前3世纪，中国就创造了利用竹子连接成管道输送卤水的运输方式，可说是世界管道运输的开端。到19世纪末，四川自流井输送天然气和卤水的竹子管道长达 200多千米。但现代化管道运输则自20世纪50年代以来方得到发展。

中国的管道能源运输主要指的是石油天然气的管道运输。中国的石油天然气管道运输总量很大，原油的70%和天然气的99%都靠管道运输。石油和天然气是国家重要的能源战略物资，石油天然气管道是重要的能源基础设施，事关公共安全、民生安全、经济安全。截至2013年年底，中国已形成9.8万千米的干线管道。

一、改革开放三十年中国管道运输发展历程

（一）第一阶段：完善和改造东北、华北管网，建设中原和东部管道

20世纪80年代，在对东北、华北输油管网进行完善、配套建设和现代技术改造的同时，在中原地区和东部地区进行了输油气管道建设。到1986年，先后建成了秦京线、鲁宁线、东临线、东黄线、东黄复线、任沧线、任京线、沧临线、濮临线、中开线、中沧线、马惠线

12条油气管道，总长度3400千米，形成了中国东部油气管网。

十多年来，为适应全国原油、天然气外输的需要，新增输油输气管道6800千米，至1989年，里程达1.5万多千米[①]。

（二）第二阶段：侧重调整运输管道的网络结构

1987年，塔里木盆地、陕甘宁盆地、四川盆地、柴达木盆地和沿海石油勘探获得重大突破，中国石油工业按照“稳定东部，发展西部”的方针，掀起了建设油气管道的高潮。20世纪90年代，管道建设侧重调整运输管道的网络结构。东部要改造，调整原油流向和满足进口的要求；西部结合油田开发重点建设新疆至内地的输油管线；华北地区建设陕北天然气至北京输气管线并与华北天然气管网连接。1996年3月开工、1997年9月建成的靖边至北京的陕京线，是我国第一条长距离、大口径和高度自动化的输气管道，全长918.42千米，该工程也是早期西气东输的骨干工程；西南四川盆地的天然气输气管经过多年建设，建成130多条管线，形成了较完整的全川环形输气管网。

至2004年，在西南地区先后建成56条管道，长度达39905千米，形成了中国西部和南部油气管网。其中由中石油牵头，先后建成了西气东输、陕京线、陕京二线、涩宁二线、兰成渝线、忠武线、鄯乌线、轮库线、安延线等油气管道24条，共33908千米。由中石化牵头，在中国南方先后建成了甬沪宁线、茂贵昆线、常杭线、青安线、

①国家发展和改革委员会综合运输研究所. 中国交通运输发展改革之路. 北京：中国铁道出版社，2009.

镇莫线、镇杭线、上漕线等油气管道18条，共4069千米。由中海油牵头，先后建成了海底油田登陆油气管道14条，共1928千米。

随着西气东输、陕京二线、冀宁联络线、甬沪宁原油管道、茂昆成品油管道、兰成渝成品油管道、西部原油及成品油管道等大型管道工程的建设投产，中国油气管道工业得到了极大发展。原油管道形成了以长江三角洲、珠江三角洲、环渤海、沿长江、东北及西北地区为主的原油加工基地的布局，原油管道运输也随之迅速发展。东北、华北、华东和中南地区初步形成了东部输油管网；西北各油田内部管网相对完善，外输管道初具规模。

2007年8月，伴随着兰郑成品油管线和川气东送天然气管线的正式开工，中国迎来了以西气东输二线和中俄管线为标志的又一次管道建设高潮。

二、改革开放三十年中国管道运输建设成就

成品油管道近年来得到较大的发展，成品油管道输送比例逐年增加，已在西北、西南和珠三角地区建有骨干输油管道，但尚未形成区域性的成品油管道供应网络。天然气管道随着西气东输、陕京二线、冀宁线等大型管道系统的建设得到极大的发展。就全国而言，川渝、华北及长三角地区已形成了比较完善的区域性管网，中南地区、珠三角地区也基本形成了区域管网主体框架。

当前，中国已初步形成“北油南运”“西油东进”“西气东输”“海气登陆”的油气输送格局，国内大口径、长距离的油气管道，已分布在东北、华北、华东、西南等地，基本上形成了横贯东西、纵穿南北的管道运输网络。

截至2013年年底，中国油气管道长度已达9.85万千米。围绕全国天然气管道联网进行配套城市分输支线建设，建成“横跨东西、纵贯南北、连通海外”的基本框架，形成以四大气区（新疆、青海、陕甘宁、川渝）外输管线和进口天然气管线为主干线、连接海气登陆管线和进口液化天然气等气源的全国性天然气管网。

此外，随着中国石油企业“走出去”战略的实施，中国石油企业在海外的合作区块和油气产量不断增加，海外份额油田或合作区块的外输原油管道也得到了发展。中国企业在海外的管道主要集中在苏丹和哈萨克斯坦，管道总里程超过5000千米。

中国的西气东输工程和大庆至秦皇岛、胜利油田至南京等多条原油管道运输线，都是现已建成的大型能源管道运输线路系统。随着石油、天然气生产和消费速度的增长，管道运输发展步伐将不断加快。

三、典型工程

横贯东西的大动脉——西气东输工程

中国西部地区的塔里木盆地、柴达木盆地、陕甘宁和四川盆地蕴藏着26万亿立方米的天然气资源，约占中国陆上天然气资源的87%。特别是新疆塔里木盆地，天然气资源量有8万多亿立方米，占中国天然气资源总量的22%。塔里木北部的库车地区的天然气资源量有2万多亿立方米，是塔里木盆地中天然气资源最富集的地区，具有形成世界级大气区的开发潜力。塔里木盆地天然气的发现，使中国成为继俄罗斯、卡塔尔、沙特阿拉伯等国之后的天然气大国。

改革开放以来，中国能源工业发展迅速，但结构很不合理，煤炭在一次能源生产和消费中的比重均高达72%。大量燃煤使大气环境不断恶化，发展清洁能源、调整能源结构已迫在眉睫。

西气东输工程从1998年开始酝酿。2000年8月23日，国务院批准西气东输工程项目立项。西气东输工程成为拉开西部大开发的标志性项目。

2002年7月4日，西气东输工程试验段正式开工建设。2003年10月1日，靖边至上海段试运投产成功，2004年1月1日正式向上海供气，2004年10月1日全线建成投产，2004年12月30日实现全线商业运营。西气东输管道工程全线采用自动化控制，供气范围覆盖中原、华东、长江三角洲地区。自新疆塔里木轮南油气田，向东经过库尔勒、吐鲁番、鄯善、哈密、柳园、酒泉、张掖、武威、兰州、定西、宝鸡、西安、洛阳、信阳、合肥、南京、常州等地区。东西横贯新疆、甘肃、宁夏、陕西、山西、河南、安徽、江苏、上海以及浙江10省（区、市）66个县，全长4200千米。穿越戈壁、荒漠、高原、山区、平原、水网等各种地形地貌和多种气候环境，还要抵御高寒缺氧，施工难度世界少有。一线工程开工于2002年，竣工于2004年。2008年2月，西气东输二线工程（以下简称“西二线”）正式开工。2011年6月，西二线主干线投产运行，2012年年底，西二线广州至深圳、南昌至上海、平顶山至泰安、广州至南宁支干线以及香港支线相继投产，首次将境外天然气引入长三角和珠三角等能源需求旺盛的地区。至此，西气东输工程实现全线竣工。

一线工程穿过的主要地形区有：塔里木盆地—吐鲁番盆地—河西走廊—宁夏平原—黄土高原—华北平原—长江中下游平原；沿途经过主要省级行政区：新疆—甘肃—宁夏—陕西—山西—河南—安徽—江苏—上海。

二线工程穿过的主要地形区有：准噶尔盆地—河西走廊—宁夏平原—黄土高原—华北平原—江汉平原—鄱阳湖平原—江南丘陵—华南丘陵—珠三角；沿途经过主要省级行政区：新疆—甘肃—宁夏—陕西—河南—湖北—江西—广东。

2012年12月30日来自中亚的天然气经由西气东输二线最后一条投产的支干线广州—南宁段到达南宁，标志着西气东输二线工程1条干线8条支干线全部建成投产。

中亚西气东输二线干线的建成投产，不仅可有效缓解中原、中南、珠三角、长三角地区天然气供需矛盾，而且还实现了与西气东输一线、涩宁兰线等多条已建管道的联网，进而形成中国主干天然气干线管道网络，构成了近4万千米的“气化中国”的能源大动脉，基本覆盖中国28个省区市和香港特别行政区，数以亿计人口从中受益，为中国能源版图又增添了一条重要动脉，将有利于缓解天然气供应紧张局面，提高天然气管网运营水平，并进一步优化中国能源消费结构。

西气东输一线和二线工程，累计投资超过2900亿元，不仅是过去十多年中投资最大的能源工程，而且是投资最大的基础建设工程；一、二线工程干支线加上境外管线，长度达到15000多千米，这不仅是国内也是全世界距离最长的管道工程；西气东输工程穿越的地区包

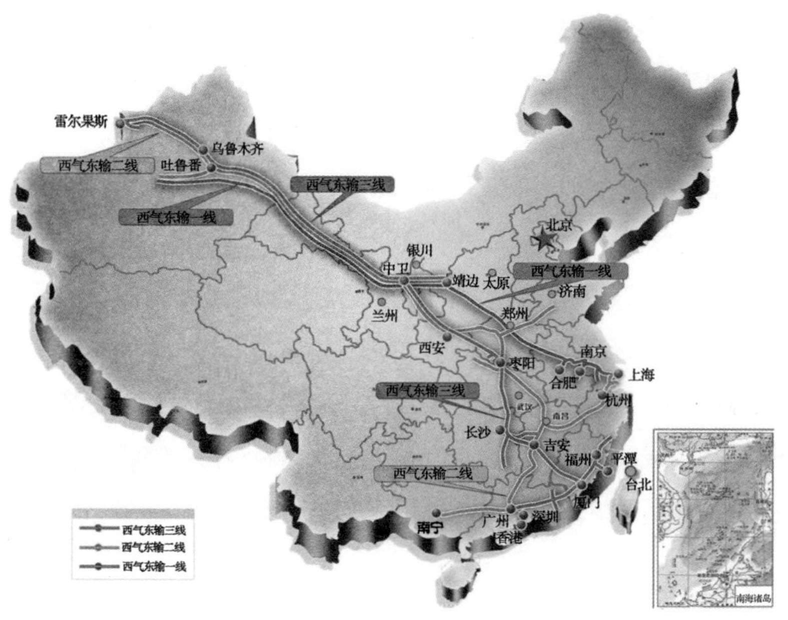

图6-1 西气东输一线、二线、三线天然气管道工程走向示意图

括新疆、甘肃、宁夏、陕西、河南、湖北、江西、湖南、广东、广西、浙江、上海、江苏、山东和香港特别行政区，惠及人口超过4亿人，是惠及人口最多的基础设施工程。

天然气进入千家万户不仅让老百姓免去了烧煤、烧柴和换煤气罐的麻烦，而且对改善环境质量意义重大。仅以一、二线工程每年输送的天然气量计算，就可以减少二氧化碳排放2亿吨、减少二氧化硫排放226万吨。

2012年10月16日，规划中的第三条天然气管道，即经过中国10省区的西气东输三线工程于在北京、新疆、福建同时开工。途经新疆、甘肃、宁夏、陕西、河南、湖北、湖南、江西、福建、广东10个省（区），总长度约为7378千米。主要气源来自中亚天然气为主供气源，国内塔里木盆地增产气和新疆煤制气为补充气源，把俄罗斯和中国西北部的天然气输往能源需求量庞大的中部、东南地区。

西气东输三线建成后，每年可向沿线市场输送300亿立方米天然气，使天然气在中国一次能源中的消费比重提高1%，每年可替代煤炭7680万吨，减少二氧化碳排放1.3亿吨、二氧化硫144万吨、粉尘66万吨，对完成国家“十二五”节能减排约束性指标，改善大气环境，提高人民生活质量，具有重要意义。

第七章

中国城市交通建设三十年

改革开放三十多年来，伴随着中国经济的快速发展、城市化进程的加快，城市总量和规模急剧扩张，中国城市交通发生了巨大的变化，取得了令人瞩目的成就。中国城市交通由满足居民基本出行需求向多元化、更高的层次转化，城市居民出行条件得到了较大的改善。

一、改革开放三十年中国城市交通发展历程

改革开放三十多年来，纵观中国城市交通的发展过程，城市交通的发展与城市经济发展和社会进步密切相关，城市的快速发展是促进城市交通发展的主要动因。总体而言，中国城市交通的发展大致经历了三个阶段[①]。

（一）非机动化主导阶段（1978—1990年）

改革开放初期，部分计划经济时期长期潜在社会消费需求得到释放，促使城市社会和经济迅速发展，城市居民收入连年上升，居民出行次数逐年增加；加之过去“上山下乡”的知识青年也开始陆续返城，使得中国城市交通需求剧增，导致城市交通基础设施供给能力严

①国家发展和改革委员会综合运输研究所. 中国交通运输发展改革之路. 北京：中国铁道出版社，2009.

重不足，城市交通供需矛盾开始显现，到80年代中后期这一矛盾愈加突出，并已成为城市社会经济发展的一个重要制约因素。

这一阶段由于城市框架、经济水平以及居住和就业模式等条件所决定，居民出行以自行车和步行为主，占总出行量的70%以上，非机动化出行在城市交通中占有主导地位；“乘车难”成为城市交通发展中的热点问题；为缓解日益紧张的交通状况，提出大力发展公共交通的发展理念。

（二）机动化培育阶段（1990—2000年）

20世纪90年代，城市化水平不断提高，城市空间构架不断扩张，交通需求增长迅速，供需矛盾加剧。为缓解“乘车难”问题，中国城市加大了对城市交通基础设施的投入，各公共交通设施的总量以及居民出行的机动化水平明显提高。

这一阶段尽管机动化水平已经提高到40%左右，居民出行中自行车和步行占的比例仍然较高，占总出行量的60%左右。

由于道路建设速度低于道路车辆增长的速度，道路交通拥堵加剧，使得公交的运输效率下降，运行速度由原来的12km/h~15km/h下降到5km/h~10km/h，新增运力被效率下降所抵消，总体上呈现公交萎缩的状态。

伴随着城市规模的不断扩张，“出行难”成为城市交通发展中的热点问题，城市轨道交通对解决城市交通问题和引导城市发展的作用引起关注，发展大容量轨道交通方式的理念开始呈现。

（三）私家车快速发展阶段（2000年至今）

进入21世纪，中国国民经济结构战略性调整使得经济增长质量和效益显著提高，许多大城市的人均GDP超过3000美元，城市居民的收入持续增加，物质文化生活有较大改善，居民的出行也发生了较大的变化。居民对交通的消费明显提高，已经步入汽车走入家庭的快速发展阶段，私人汽车迅猛增长，由2000年的625.3万辆增加到2013年的10501.68万辆，13年间增加了15.79倍，城市交通拥堵问题日趋严重。

这一阶段城市居民出行以机动化为主，占总出行量的60%以上，城市道路拥堵严重，“行车难”成为城市交通发展中的主要问题。

加快城市道路交通运输基础设施建设及建设以大容量快速轨道交通为骨干的公共交通系统，成为这一阶段城市交通发展的主要特点，城市交通发展开始向以大容量交通方式为骨干、注重各种交通方式相互补充和协调发展的多元化，强化现代城市交通体系建设方向发展。

二、改革开放三十年中国城市交通发展成就

改革开放三十多年来，中国城市交通获得了前所未有的发展，城市交通系统不仅规模逐年扩大，而且质量明显提高、结构不断改善，对城市社会经济发展支持作用进一步增强。

（一）城市交通系统总量规模逐年扩大

1. 城市道路和桥梁

改革开放三十多年来，中国城市实有铺装道路面积及桥梁数量

逐年增长，尤其是进入新世纪以来，增长较为迅速。至2013年，中国城市实有铺装道路面积达到644155万平方米，比1980年增加了24倍多，年均增长率为10.2%；人均城市道路面积达到14.87平方米，比1980年增加4倍；城市桥梁达到59530座，增加了近8倍。

2. 公共交通

随着城市交通日趋紧张，从20世纪80年代开始，各级城市政府开始重视城市公共交通的建设和投入，城市公共交通得到了较快发展。至2013年，中国城市公交车数量达到46万辆，为1985年的9.5倍；出租汽车105万辆，为1985年的26倍；轨道运营车辆为1985年的44倍，达到14366辆；每万人拥有公交车数量为12.78辆；公共交通的客运量达到8254548万人次。

为了缓解城市交通的紧张状况，中国大城市也开始重视对轨道交通系统的规划建设，进入新世纪以来，中国城市轨道交通建设步入快速发展的阶段。截至2013年年末，我国已有北京、上海、天津、重庆、广州、深圳、武汉、南京、沈阳、长春、大连、成都、西安、昆明、苏州、杭州、佛山、哈尔滨、郑州19个城市累计开通87条城市轨道交通运营线路，线路总长2408千米，全年运送旅客109亿人次。目前，北京、上海和广州等地轨道交通逐步进入网络化运营的新阶段，截至2013年5月，中国已批准建设轨道交通的城市达36个，到2020年中国轨道交通建设线路总长将达6000多千米。

3. 私家车总量

从20世纪80年代到90年代中期，北京、上海、天津、沈阳等大城市进入机动车快速增长阶段，年均增长13%左右；90年代后期以来，大城市机动车增长速度进一步加快，轿车、客车、面包车和摩托车的增幅年均在20%以上；目前，中国大部分城市都已经进入汽车走入家庭时期，私家车的发展迅猛。至2013年，私人汽车已达10501.68万辆，比1985年增加了近370倍。尤其是进入新世纪以来，私家车的增长最为迅速，2000年至2013年年均增长率达到24%。

（二）城市交通结构日趋合理

随着各种交通方式的快速发展，道路及公交网络规模的扩大，尤其是大量具有骨干意义和较高技术水平的快速交通工程建设，特别是快速公交系统（Bus Rapid Transit，BRT）、公交专用线、轨道交通的建成投入使用，对城市交通结构的优化和布局结构的完善起到了重要的促进作用，使得各种交通方式的技术特征和优势得到进一步发挥，城市交通结构有了明显改善，公共交通包括轨道交通在城市居民出行方式选择构成中所占比重不断提高，已成为城市交通的主要出行方式。

（三）交通管理体制和投资体制改革不断深入

改革开放三十多年来，城市交通管理体制改革不断深入，计划经济体制下形成的政企不分、行业垄断、政府管理职能错位的交通管理体制正朝着集中统一领导、市场化和产业化运作、规范化管理的方向迈进。基本上在同一城市主要由城市交通主管部门（交通委）实施统一规划、统一管理、统一制定市场准入制度和财税、经济和技术政策，执行统一的执法尺度和服务质量标准等；对重要和重大的道路交通工程和管理举措，初步实行科学民主决策，如听证会形式，为实行科学有效的宏观调控，实现道路交通资源的优化配置与合理利用，提供管理上的保证；对所有的公共客货运输方式均实行专营（特许）权制度，对其中的轨道交通、公共交通、社会化货运企业等交通运输主体实行优惠优先政策，使其具有发展的活力和足够大的发展空间；同时部分城市在道路使用、信号灯控制等方面，为公共交通提供优先服务；通过科学合理的规划、运用市场机制以及经济手段调节城市停车场等静态交通设施的利用和布局，为尽快缓解“停车难”问题制定相应的政策措施。

城市交通投资由投资高度依赖政府向着市场化、多元化的方式改变。在投融资体制改革方面，开辟了BOT、PPP、捆绑式开发等建设轨道交通的新模式，加快了城市轨道交通建设的进程；探索形成了城市高速路和快速路建设新的投融资模式，为城市道路快速发展提供资金保障；同时，本着“谁投资、谁决策、谁受益、谁承担风险”的原则，扩大社会投资领域，吸引民资和外资进入城市交通基础设施领域。通过多方面的努力，城市交通建设投资渠道得到了进一步拓宽，投资主体社会化、多元化格局初步形成，增强了城市交通发展的活力。

从中国城市交通三十多年发展来看，中国现有的城市交通供给能力很难满足日益增长的交通需求，需要通过优化交通结构、加强宏观交通需求管理、推进交通一体化建设、强化新技术的应用等途径，加快智能型交通的发展，以缓解城市交通、资源和环境的压力。

三、典型变化

改革开放三十多年来，中国城市交通发生了翻天覆地的变化，我们以首都北京为例，来一睹中国城市交通的演变过程①。

1979年，前门公共汽车站

1980年，西直门立交桥通车

1981年，首次使用酒精检测仪

1982年，交警在岗楼里瞭望

①刘英毅摄影作品精选。

1983年，交警在指挥车辆

1984年，长安街

1985年，交通事故数字提示牌

1986年，庞大的自行车流

1987年，长安街首次安装路控系统

1988年，北京交通指挥系统工程的雏形

1989年，首次实施单双号行驶

1990年，西单天桥

1991年，出租车的雏形——面的

1992年，“招手停”公共汽车

1993年，北京交通台正式开播

1994年，北京公交车的经典车型

1995年，首批停车计数器出现

1996年，机动车左转弯待转区首次出现

1997年，首条公交专用道开通

1998年，大规模淘汰尾气排放不达标车辆

1999年，拥挤不堪的300路公交车

2000年，104路公交车

2001年，北京“申奥”成功

2002年，随处可见的交通拥堵

2003年，“非典”中的北京街头

2004年，用无线网络查询系统检查车辆

2005年，北京公交开始更换新车

2006年，北京电动自行车解禁

2007年，北京机动车突破300万辆

2008年，北二环奥运专用道

2009年，交警乘直升机监测交通

2010年，BRT快速公交

2011年，北京地铁东单站

2012年，北京南站综合枢纽

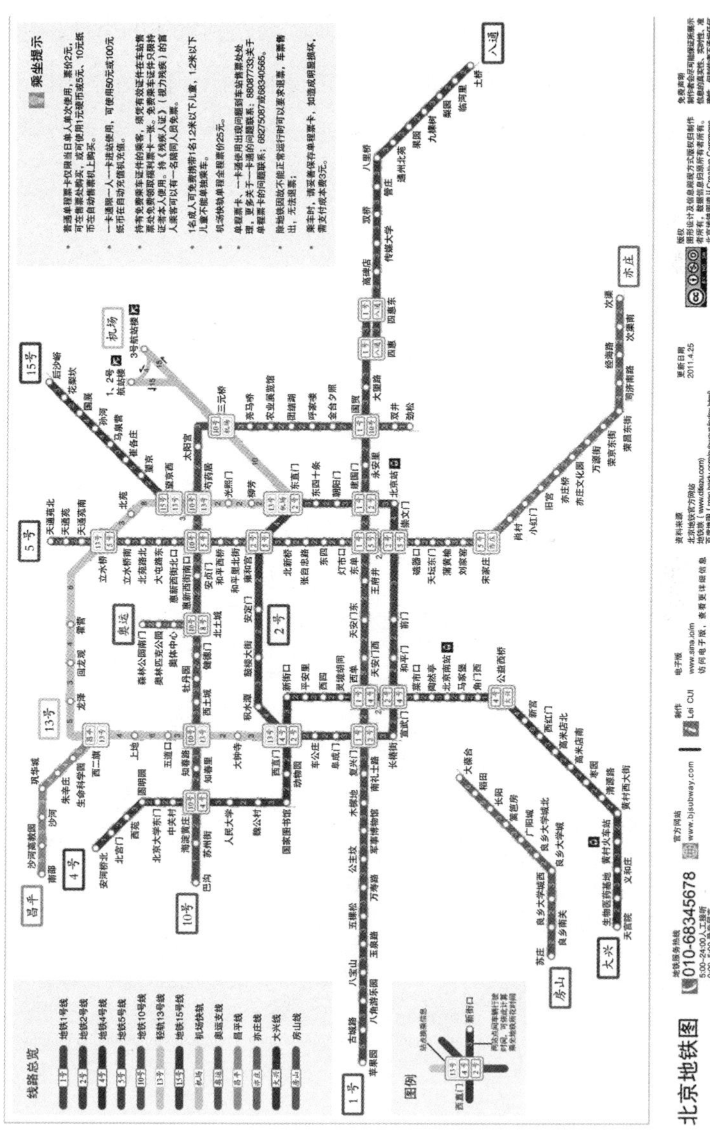

2013年，北京地铁线路图

从悠长的胡同到静谧的小巷，从热闹的马路到繁华的街道，从宽阔的高速公路到封闭的环路，北京的城市交通经历了巨大的变化，行走在路上的人，奔驰在路上的车辆，所有的这一切，每天都在改变。